Eten zonder angst
Werkboek

Dit werkboek is van:

Houten
Bohn Stafleu van Loghum, 2011

Kind en Adolescent Praktijkreeks

Dit **Eten zonder angst** werkboek is onderdeel van/hoort bij:

Cognitieve gedragstherapie bij jongeren met een eetstoornis
Gedragstherapeutisch behandelprotocol voor jongeren tot 20 jaar met een eetstoornis. Voor: psychologen, orthopedagogen, psychiaters en andere hulpverleners.

Uitgeverij Bohn Stafleu van Loghum, Houten, 2011

Bestellen:
De boeken zijn te bestellen via de boekhandel, of via uitgeverij Bohn Stafleu van Loghum te Houten:
www.bsl.nl

Redactie Kind en Adolescent Praktijkreeks

Prof.dr. Else de Haan (hoofdredacteur)
Prof. Dr. Frits Boer
Drs. Carolien Gevers
Drs. Harrie van Leeuwen MHA
Prof. dr. Pier Prins

Eten zonder angst
Werkboek

Renée Beer en Karin Tobias

Illustraties: Marcel Jurriëns

Bohn Stafleu van Loghum
Houten, 2011

© 2011 Bohn Stafleu van Loghum, onderdeel van Springer Media

Alle rechten voorbehouden. Niets uit deze uitgave mag worden verveelvoudigd, opgeslagen in een geautomatiseerd gegevensbestand, of openbaar gemaakt, in enige vorm of op enige wijze, hetzij elektronisch, mechanisch, door fotokopieën of opnamen, hetzij op enige andere manier, zonder voorafgaande schriftelijke toestemming van de uitgever.

Voor zover het maken van kopieën uit deze uitgave is toegestaan op grond van artikel 16b Auteurswet jo het Besluit van 20 juni 1974, Stb. 351, zoals gewijzigd bij het Besluit van 23 augustus 1985, Stb. 471 en artikel 17 Auteurswet, dient men de daarvoor wettelijk verschuldigde vergoedingen te voldoen aan de Stichting Reprorecht (Postbus 3051, 2130 KB Hoofddorp). Voor het overnemen van (een) gedeelte(n) uit deze uitgave in bloemlezingen, readers en andere compilatiewerken (artikel 16 Auteurswet) dient men zich tot de uitgever te wenden.

Samensteller(s) en uitgever zijn zich volledig bewust van hun taak een betrouwbare uitgave te verzorgen. Niettemin kunnen zij geen aansprakelijkheid aanvaarden voor drukfouten en andere onjuistheden die eventueel in deze uitgave voorkomen.

ISBN 978 90 313 8759 5
NUR 777/847

Layout: Helfrich Ontwerpbureau, Deventer
Omslagontwerp: Nanja Toebak
Illustraties: Marcel Jurriëns

Bohn Stafleu van Loghum
Het Spoor 2
Postbus 246
3990 GA Houten

www.bsl.nl

Voor behandelaren is een aparte handleiding geschreven:
Cognitieve gedragstherapie bij jongeren met een eetstoornis.

Beide boeken zijn te bestellen via de boekhandel of via uitgeverij Bohn Stafleu van Loghum te Houten: www.bsl.nl

Inhoud

Inleiding 7

Motivatie 8

FASE 1. OPBOUWFASE 12

    Module A. Weten 13
    Module B. Denken 21
    Module C. Eten 32
    Module D. Laten zitten 41
    Module E. Baas over je brein 50

FASE 2. MIDDENFASE 54

    Module F. Vatten wat je voelt 55
    Module G. Jezelf mogen zijn 65
    Module H. Ik zie ik zie wat jij niet ziet 74
    Module I. Meedoen 78
    Module J. Latten lager 82

FASE 3. AFBOUWFASE

    Module K. Behoud en behoed 91

Inleiding

Je bent in behandeling gekomen omdat je een eetstoornis hebt. Het feit dat je besloten hebt om in behandeling te gaan, is een eerste stap op weg naar genezing en herstel. Eetstoornissen hebben een behoorlijke invloed op je leven. En ervan af komen, is vaak niet makkelijk. Vanzelf gaat het in ieder geval niet over. Je zult er hard aan moeten werken, maar gelukkig biedt deze behandeling je een duidelijk houvast.

In dit boek vind je materiaal dat in de behandeling met cognitieve gedragstherapie gebruikt wordt. Het bestaat uit voorlichtingsmateriaal om door te lezen en werkbladen en formulieren om in te vullen. Het is een werkboek, waarin je kunt lezen, schrijven en tekenen. De komende maanden spreek je wekelijks met je therapeut af welke bladzijden je voor de volgende keer leest of invult.

Als je een eetstoornis hebt, is er altijd angst verbonden met het thema eten. Er zijn veel verschillende dingen waarvoor je bang kunt zijn. Bijvoorbeeld om aan te komen, dat mensen je zien eten en daardoor iets van je vinden, dat mensen je zullen afwijzen, of dat je door te eten er walgelijk uit komt te zien. Je kunt ook bang zijn dat herinneringen aan vervelende ervaringen uit het verleden de kop opsteken als je (weer) regelmatig eet of dat nare gevoelens die te maken hebben met je leven van nu zich zullen opdringen. Daarnaast kun je ook bang zijn omdat je voor je gevoel helemaal geen controle hebt op je leven en dat je huidige eetpatroon het enige is wat je een gevoel van controle geeft. En zo zijn er nog meer redenen voor angst mogelijk, die het voor jou doodeng maken om je eetstoornis op te geven. Het doel van deze behandeling is dat het onderwerp eten voor jou bevrijd wordt van alle angsten die er op dit moment mogelijk mee verbonden zijn, zodat je weer een gezond eetpatroon kunt opbouwen en een stabiel bij jou passend gewicht kunt krijgen.

Het boek is geschreven voor jongeren tot twintig jaar. Bij jongere pubers is het misschien prettig als er een ouder meeleest. Omdat eetstoornissen meestal uitbreken rond vijftien- à zestienjarige leeftijd, spreken we steeds over 'jongeren'. En omdat het bij meisjes tien keer zo vaak voorkomt als bij jongens, spreken we steeds over 'zij' en noemen we steeds meisjes in de voorbeelden. Eetstoornissen komen ook wel voor bij jongens, maar veel minder vaak. Voor het gemak gebruiken we voor de therapeut/behandelaar steeds het woordje 'hij'.

De kans dat je volledig geneest van je eetstoornis is het grootst als je goed samenwerkt met je therapeut en vertrouwen hebt in je eigen mogelijkheden om te profiteren van deze therapie. Wij wensen je hierbij heel veel succes!

Renée Beer en Karin Tobias

Motivatie

'Motivatie' is een ander woord voor 'iets willen doen of bereiken'. Soms wil je iets bereiken voor jezelf, soms voor anderen. Motivatie is niet iets wat steeds hetzelfde blijft, maar iets wat heel sterk kan veranderen – van week tot week, van dag tot dag, of zelfs van (eet)moment tot (eet)moment. De motivatie voor de behandeling van je eetstoornis verloopt volgens fasen. Omdat je motivatie zo sterk kan wisselen, kan de snelheid van je vooruitgang ook variëren. Je behandelaar bespreekt de verschillende fasen van motivatie met je en legt je uit hoe je jezelf kunt motiveren. Het is belangrijk dat je behandelaar rekening houdt met waar jij zit met je motivatie. Hij wil naast je staan en niet tegenover je. Hij wil niet aan je trekken of duwen. Een voortdurend wisselende motivatie kan wel lastig zijn, maar hoort nu eenmaal bij de behandeling van een eetstoornis.

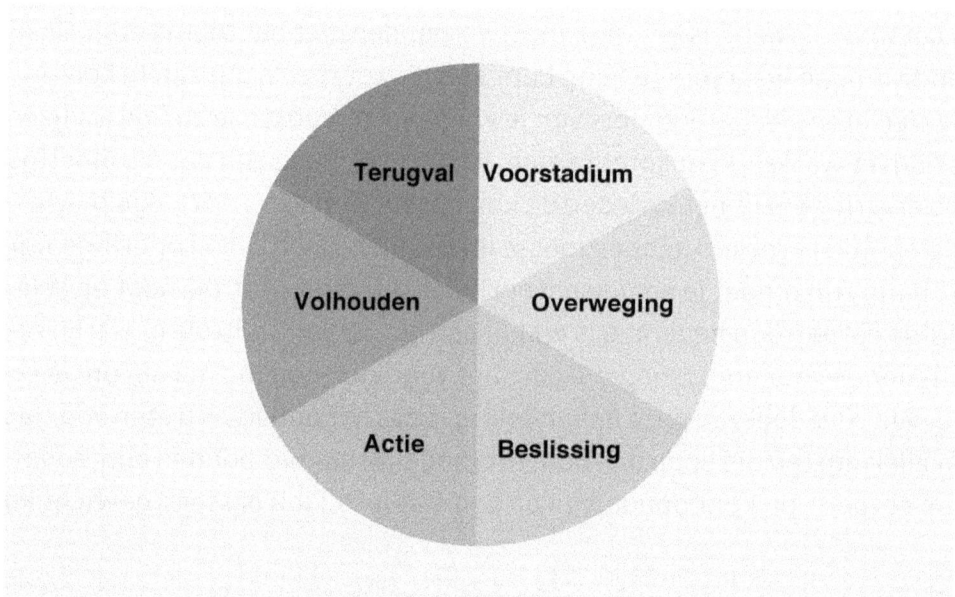

Motivatiecirkel.

Motivatie verloopt volgens fasen. In het volgende overzichtje zie je welke gedachten en welke gedragingen passen bij de verschillende fasen van motivatie.

Fasen	Gedachten	Gedrag
Voorstadium	Ik heb geen probleem, ik zit nergens mee.	Ontkenning dat je een eetstoornis hebt: ongezond eetpatroon; voortdurende zorgen en angsten over eten, uiterlijk en gewicht.
Overweging	Zou ik een probleem hebben?	Stilstaan bij en nadenken over je eigen gedrag en de gevolgen ervan.
Beslissing	Ik heb een probleem en wil er wat aan gaan doen.	Onder ogen zien dat je eetstoornis ernstig is, niet vanzelf overgaat; beseffen dat je hard zult moeten werken aan je eigen oplossingen. Hoewel je er tegenop ziet, beslis je ervoor te gaan.
Actie	Ik heb een probleem en werk aan de oplossing ervan.	Actief meewerken aan je behandeling; vertrouwen hebben in je eigen mogelijkheden en die van de behandeling.
Volhouden	Ik heb een probleem en blijf eraan werken tot ik goede oplossingen gevonden heb en er helemaal klaar mee ben.	Actief blijven meewerken aan je behandeling; vertrouwen houden in je eigen mogelijkheden en die van de behandeling, ook als positieve resultaten langer uitblijven dan gehoopt, of als het meer pijn en moeite kost dan gedacht.
Terugval	Ik had een probleem en ik zorg ervoor dat ik er niet opnieuw in beland.	Actief vermijden van risicosituaties en zo nodig actieve toepassing van gezonde strategieën om terugval in een ongezond eetpatroon te voorkomen.

In de loop van de behandeling zullen we de motivatiecirkel er regelmatig bijpakken om te zien in welke motivatiefase je op dat moment zit.

Voor wie?

Teken een cirkel en verdeel die in verschillende stukjes die aangeven voor wie of wat je beter wilt worden, met andere woorden: 'voor wie of wat doe je het allemaal?' Ouders, broer/zus, vriendin(nen), vriend(en), behandelaren, iemand anders die belangrijk voor je is, jezelf, om weer te kunnen sporten, naar school te kunnen, je opleiding te kunnen oppakken enzovoort.

Voor wie en wat doe ik het allemaal?

Vul elke vier à zes weken een nieuwe cirkel in en bekijk samen met je therapeut of er verandering optreedt. Na verloop van tijd verschuift de motivatie dikwijls van extern (voor anderen) naar intern (voor jezelf). Door regelmatig opnieuw naar de cirkel te kijken, wordt het duidelijk hoe je interne motivatie groeit. Met andere woorden: waarom wil ik ook alweer beter worden?!

1 Opdracht

Wat betekent motivatie voor jou?

Wat roept de term 'motivatie' allemaal bij je op? Noteer hier welke gedachten, opvattingen en gevoelens er bij je opkomen als je denkt aan het woord 'motivatie'.

....

....

....

....

....

....

....

....

....

2 Opdracht

Maak een placemat met daarop tekeningen, teksten of knipsels die jou kunnen motiveren als je ernaar kijkt. Gebruik de placemat tijdens de eetmomenten!

Fase 1 Opbouwfase

Module A: Weten

In deze module wordt je kennis verrijkt. Je krijgt informatie over (I) eetstoornissen (soorten, gevolgen, oorzaken en hoe het in stand wordt gehouden) en (II) over deze behandeling (cognitieve gedragstherapie).

I Informatie over eetstoornissen

Welke eetstoornis heb ik?

Anorexia nervosa

Als je anorexia nervosa (AN) hebt, dan ben je flink afgevallen. Dat gebeurde niet zomaar en niet plotseling, maar geleidelijk. Als je AN hebt, ben je voortdurend bezig met thema's rondom vermageren. Je bent bang om te eten, omdat voor jou aankomen in gewicht ongeveer het ergste is dat je kan overkomen.

Als je net begonnen bent met lijnen, krijg je in het begin misschien nog wel complimenten van anderen dat je er goed uit ziet. Maar als je AN hebt, dan houdt dat op zeker moment op. Het lijnen gaat dan zo lang en ver door, dat je er niet meer goed uit kunt blijven zien. Als je AN hebt, dan ben je zelf eigenlijk nooit tevreden met je gewicht. Je voelt je altijd te dik, terwijl de feiten aangeven dat je veel te mager bent. Sommige meisjes met AN eten altijd erg weinig, andere hebben soms eetbuien waarbij ze veel eten en compenseren die eetbui vervolgens door te braken, te laxeren of heel veel te bewegen. Op een bepaald moment blijkt dat het niet meer lukt om op eigen houtje te stoppen met lijnen of te stoppen met compenseren.

Hulp vragen is vaak moeilijk. Je kunt zelf niet goed meer inschatten hoe mager je bent, daarom besef je niet dat je hulp nodig hebt. Vaak maken mensen in je omgeving (ouders, vriendinnen, leerkrachten) zich meer zorgen om jou dan jij zelf. Het voelt misschien als bemoeizucht van hen, want jij vindt jezelf helemaal niet te dun. In de meeste gevallen voel je je ook niet moe of ziek. Wel kan het zijn dat je last hebt van gedachten over eten, die de hele dag maar door je hoofd spoken of dat je je moeilijk kunt concentreren.

Boulimia nervosa

Als je boulimia nervosa (BN) hebt, dan heb je regelmatig eetbuien. Bij een eetbui werk je in korte tijd een grote hoeveelheid voedsel naar binnen in een soort roes, waarbij je het gevoel hebt dat je niet meer kunt stoppen met eten. Na een eetbui voel je je vaak rot en schuldig en wil je het eten weer zo snel mogelijk kwijtraken. Er zijn verschillende manieren om dit voor elkaar te krijgen. Sommige mensen met BN doen dit door bijvoorbeeld te braken, laxeerpillen te slikken of extreem veel te gaan bewegen. De meeste mensen met BN hebben een normaal gewicht, maar zouden toch het liefst willen afvallen. Tussen de eetbuien door probeer je streng te lijnen, omdat je bang bent om dik te worden als gevolg van de eetbuien. Mensen met BN schamen zich vaak enorm voor hun eetbuien, wat maakt dat het lang duurt voordat ze hulp durven vragen. Als die stap eenmaal is gezet, is de belangrijkste hulpvraag: 'help mij met stoppen van de eetbuien'.

Eetstoornis Niet Anders Omschreven

Als je een eetstoornis Niet Anders Omschreven (NAO) hebt, dan heb je een aantal symptomen van AN en/of een aantal symptomen van BN, maar niet alle symptomen die bij die diagnoses horen. Dat betekent niet dat de symptomen die je hebt minder heftig zijn, maar alleen dat je niet in een bepaald hokje geplaatst kunt worden. Deze vorm van eetstoornissen komt heel vaak voor en daarom hebben ze er toch ook maar een apart hokje voor gemaakt, eetstoornis NAO.

Oorzaken

De vraag naar de precieze oorzaak of oorzaken van een eetstoornis kunnen we nog niet goed beantwoorden. We weten alleen dat er factoren zijn die de kans op het krijgen van een eetstoornis groter maken. Zo weten we dat het bij meisjes tien keer vaker voorkomt dan bij jongens en dat de leeftijd waarop het begint, meestal ergens tussen 13 en 25 jaar ligt.

Er wordt vaak gedacht dat het modebeeld met het slankheidsideaal van onze westerse maatschappij een oorzaak voor AN zou zijn, maar zo eenvoudig ligt dat niet. Waarschijnlijk zijn een negatief zelfbeeld, intense ontevredenheid met hoe je lichaam

eruitziet, een sterke behoefte aan controle over je leven en een hoge mate van perfectionisme, factoren die mensen kwetsbaar kunnen maken voor het ontwikkelen van een eetstoornis. Het zijn in ieder geval factoren die aanwezig zijn bij de meeste patiënten met een eetstoornis. Ingrijpende vervelende gebeurtenissen die je in het verleden hebt meegemaakt, kunnen ook een rol spelen bij het ontstaan van een eetstoornis, mits je aanleg hebt voor de ontwikkeling ervan. We kunnen dit niet echt 'oorzaken' noemen, omdat deze factoren ook kunnen leiden tot andere psychische stoornissen dan eetstoornissen.
Uit onderzoek is gebleken dat aanleg voor het ontwikkelen van een eetstoornis voor een deel erfelijk bepaald is, maar wat er precies erfelijk is, dat weten we nog niet.
Veel mensen denken dat AN ontstaat als gevolg van een uit de hand gelopen lijnpoging. Dat is niet zo. Als dit zo was, dan zouden veel meer mensen AN moeten krijgen, want hoeveel mensen lijnen er wel niet?! Verstandig lijnen hoeft helemaal niet slecht te zijn, maar mensen die kwetsbaar zijn voor het ontwikkelen van een eetstoornis (als gevolg van erfelijkheid, temperament, een negatief zelfbeeld, bepaalde negatieve levenservaringen, en misschien nog meer factoren die we dus nog niet precies kennen), lopen meer risico om 'door te schieten' in het lijnen.

Gevolgen

Eetstoornissen kunnen diverse gevolgen hebben, zowel lichamelijke als psychische. We geven een overzicht van waar je allemaal last van kunt krijgen bij ondergewicht als gevolg van vasten. Er volgt ook een rijtje met de mogelijke gevolgen van compensatiegedrag. Compensatiegedrag noemen we de verschillende dingen die je kunt doen om na een eetbui het binnengekomen voedsel weer kwijt te raken: zelfopgewekt braken, laxeren of extreem veel bewegen. Compensatiegedrag in de vorm van braken of laxeren wordt ook wel 'purgeren' genoemd. Purgeren betekent 'reinigen'.

Lichamelijke gevolgen van ondergewicht
- groeiachterstand (soms blijvend!);
- verminderde botopbouw waardoor later grotere kans op botontkalking;
- uitblijven van menstruatie met risico op blijvende onvruchtbaarheid;
- haaruitval;
- koude handen en voeten;
- vermoeidheid;
- buikpijn/obstipatie (verstopping);
- nierproblemen;
- donsbeharing en droge huid;
- slaapproblemen;
- bleekheid;
- holle ogen;
- ruiken uit de mond (acetongeur);
- hartritmestoornissen gepaard aan duizeligheid en flauwvallen;
- verstoring van het honger- en verzadigingsysteem;
- negatieve stemming;
- verstoorde hormoonhuishouding;

Psychologische gevolgen van ondergewicht
Een onvermijdelijk gevolg van ondergewicht door uithongering is dat je denken en je gedrag erdoor verstoord raakt. Als je eetstoornis nog maar net begonnen is, laat je je eigen oordeel over jezelf helemaal bepalen door de mate waarin je denkt controle te hebben over hoeveel je eet, je gewicht en je lichaamsomvang. Als de eetstoornis al wat langer duurt en je bij een bepaald punt van ondergewicht bent beland, dan ontstaat er een veranderde vorm van bewustzijn. Dit kan je dan zoal overkomen:
- vertraging in je denken;
- verslechtering van je kortetermijngeheugen;
- onduidelijk spreken, waardoor het lijkt alsof het je heel veel moeite kost om tegelijk te spreken en te denken;
- een vlakke en emotieloze gezichtsuitdrukking;
- grote moeite of zelfs onvermogen om je aandacht gericht te houden;
- besluiteloosheid;
- angsten;
- emotionele labiliteit;
- vlakheid in je gevoel;
- sombere stemming;
- geen zin in seks.

Het contact met andere mensen wordt moeilijker. Om die reden ga je steeds vaker sociale situaties en activiteiten vermijden, vooral als daar ook gegeten moet worden. Dit leidt tot een sociaal isolement.

En wat nog meer?
- Obsessie met eten; dit gaat alles overheersen, niet alleen je denken, maar ook je gevoelens, je gedrag en je dromen.
- Het eten wordt tot een ritueel gemaakt; het moet gebeuren op een bepaalde manier, plaats enzovoort.
- Rigiditeit in je denken; dat betekent dat je alleen nog maar ongenuanceerd, zwart-wit kunt denken. Zoeken naar 'verstandige' argumenten en discussiëren met anderen wordt daarmee onmogelijk.
- Terugvallen in een onrijpe manier van denken, zoals je een aantal jaar geleden nog dacht. Je gaat geloven dat principes die van toepassing zijn op anderen niet van toepassing zijn op jou.
- De obsessie met eten neemt toe en verspreidt zich naar netheid en orde. Dit kan leiden tot intolerantie ten opzichte van andere mensen.
- Stereotypie in je denken en gedrag. Dat betekent dat je alsmaar hetzelfde doet en zegt (bijvoorbeeld steeds opnieuw om geruststelling vragen). Dit maakt het moeilijk om van de ene gedachte op een andere te komen en nieuwe ideeën te ontwikkelen tijdens een discussie. Je blijft ronddraaien in cirkels.
- Stagnatie van je ontwikkelingsproces. Je kunt op alle fronten vastlopen: sociaal, emotioneel, lichamelijk, seksueel.

Lichamelijke gevolgen van purgeren (braken of laxeren)
- gebitsproblemen (glazuur gaat kapot als gevolg van braaksel);
- keelpijn;
- voedsel komt uit de maag terug in de slokdarm (refluxklachten);
- vocht vasthouden (oedeem);
- hartritmestoornissen;
- kapotte bovenkant van hand (als gevolg van zelfopgewekt braken);
- gescheurde mondhoeken;
- hamsterwangen door overbelasting van de speekselklieren.

Psychologische gevolgen van purgeren
Purgeren betekent letterlijk: reinigen. Er zijn verschillende manieren waarop mensen met een eetstoornis hopen hun lichaam te 'reinigen', zoals door zelfopgewekt braken of laxeermiddelen gebruiken. Braken en/of laxeren geeft een gevoel van controle over je gewicht, want je zult weinig of niet aankomen als je na het eten braakt of laxeert. Dit controlegevoel is echter bedrieglijke schijn; uiteindelijk zal het purgeren juist controle over jou krijgen, omdat het zo hardnekkig wordt dat je er moeilijk mee kunt stoppen. Bij BN kan over het algemeen gezegd worden dat de cyclus van overeten en purgeren een hardnekkig patroon wordt, waarbij de frequentie nogal eens toeneemt, omdat je eigenlijk 'ongestraft' eetbuien kunt blijven hebben, dat wil zeggen: zonder dat je aankomt in gewicht.

Purgeren heeft ook een verslavend karakter. Het braken kan ervaren worden als een moment waarop je even helemaal niets meer voelt, waarmee je dus ook nare gevoelens als het ware 'dempt'. Dit kan prettig voelen, waardoor het steeds moeilijker is om met braken te stoppen. Het kan ook zijn dat je na het braken een grote opluchting voelt, omdat je door te braken de schaamtegevoelens en walging over de eetbui letterlijk bent kwijtgeraakt. Ook hierdoor kan het purgeren een zeer hardnekkig patroon worden.

Instandhouding
Hieronder volgen twee schema's die laten zien hoe je eetstoornis in stand wordt gehouden. Eerst een schema dat verklaart hoe BN in stand kan worden gehouden.

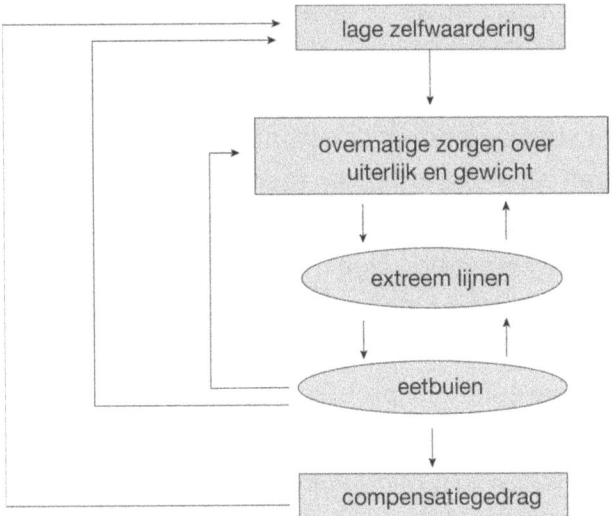

Verklaringsmodel voor instandhouding BN (Fairburn, 1999).

Hieronder een schema dat verklaart hoe AN in stand kan worden gehouden.

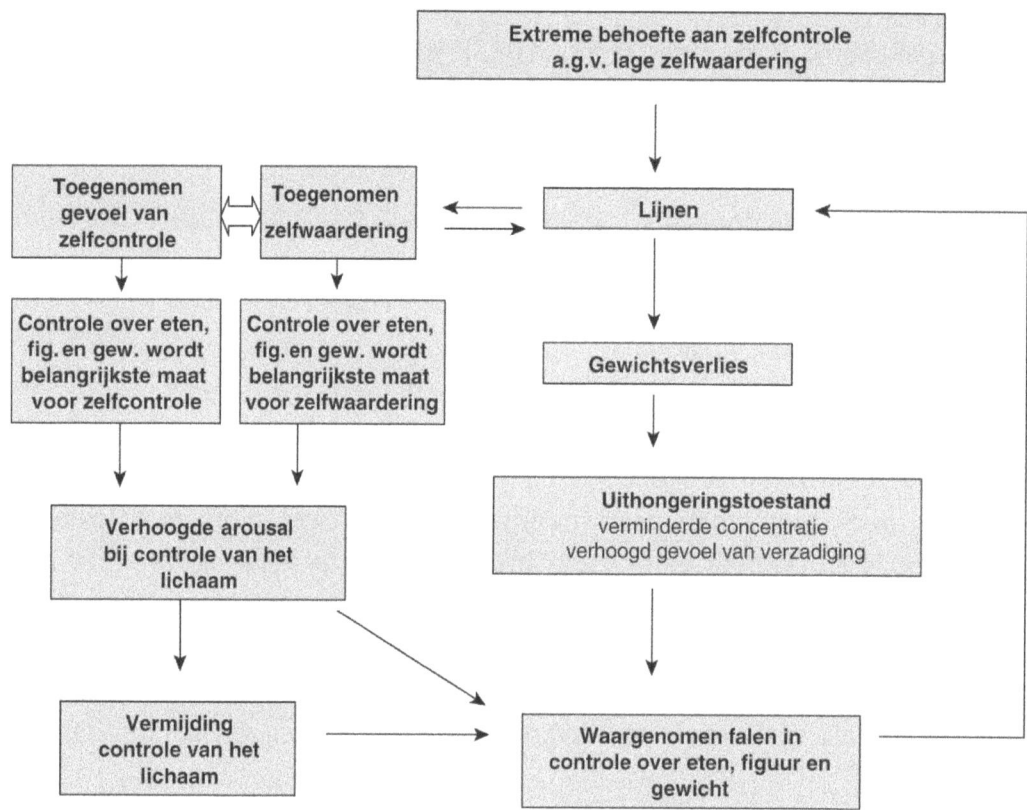

Verklaringsmodel voor instandhouding AN (Fairburn, 1999).

Informatie over cognitieve gedragstherapie

Wat is cognitieve gedragstherapie?
Cognitieve gedragstherapie bestaat uit gedragstherapie en cognitieve therapie.

Gedragstherapie

In gedragstherapie staat je *gedrag* centraal. Hoe je handelt, hoe je je gedraagt, bepaalt in belangrijke mate hoe je je voelt. Omgekeerd bepaalt je gevoel ook voor een deel van wat je doet. Als je bepaalde situaties stelselmatig uit de weg te gaat omdat je bang bent, dan zal je angst daardoor eerder sterker worden dan minder. Voorbeeld: als je het eng vindt om te eten in gezelschap, dan zal vermijding van eten in gezelschap je angst op de korte termijn even doen zakken, maar op de lange termijn alleen maar sterker maken. Een ander voorbeeld: als je niet goed weet hoe je je mening naar voren kunt brengen, dan zul je situaties uit de weg gaan waar dat nodig is en daardoor zul je je steeds onzekerder gaan voelen in dat soort situaties.

Bij gedragstherapie brengen we eerst alle probleemgedragingen en de omstandigheden waarin die voorkomen goed in kaart. Vervolgens word je geholpen om stapje voor stapje de dingen te doen die je nu uit de weg gaat of heel eng vindt om te doen. Hiervoor krijg je verschillende oefeningen en opdrachten.

Cognitieve therapie

In cognitieve therapie staat je *denken* centraal. De therapeut onderzoekt met jou samen welke invloed je cognities – dat zijn gedachten, veronderstellingen, opvattingen en overtuigingen – hebben op je handelen. Als je gewend bent om allerlei gebeurtenissen in je leven op een negatieve manier te bekijken, dan word je makkelijker angstig, somber of geïrriteerd, en voer je gedragingen uit die daarbij passen.
In cognitieve therapie onderzoek je samen met de therapeut jouw negatieve cognities en denkpatronen. Met 'negatief' bedoelen we cognities die leiden tot negatieve gevoelens en ongewenst gedrag. Ongewenst gedrag is gedrag dat jijzelf of je omgeving afkeurt, omdat het storend, ongezond of zelfs gevaarlijk is. Je leert je eigen denken kritisch onder de loep te nemen. Dat gebeurt in nauwe samenwerking met de therapeut. Wanneer inderdaad blijkt dat je geneigd bent om te negatief te oordelen over allerlei zaken, wordt samen uitgezocht welke andere manier van denken beter past. Ook hierbij wordt gebruikgemaakt van oefeningen en opdrachten waardoor je kunt leren om jezelf minder in de weg te zitten met negatieve cognities en een negatieve manier van denken.

Cognitieve gedragstherapie

Wetenschappelijk onderzoek heeft aangetoond dat cognitieve gedragstherapie vaak goede resultaten laat zien bij patiënten met uiteenlopende psychische problemen. Bij gedragstherapie en cognitieve therapie praat je niet alleen met je therapeut, maar werk je actief samen. Je krijgt allerlei opdrachten en je gaat oefeningen doen; hoe dit gaat, schrijf je op en dit bespreken jullie dan weer met elkaar. Gebleken is dat deze manier van werken beter helpt dan alleen praten. 'Anders leren denken' en 'anders leren doen' kunnen heel goed met elkaar worden gecombineerd in één en dezelfde behandeling en ook leiden tot 'anders (leren) voelen'. Door al deze inzichten zijn cognitieve therapie en gedragstherapie steeds hechter verweven geraakt tot (je raadt het al): cognitieve gedragstherapie. Cognitieve gedragstherapie kan dus zowel je manier van denken beïnvloeden, als ook je gevoelens en je doen en laten. Soms ligt de nadruk meer op denken, soms op voelen en soms meer op doen en laten.

Laten we eens kijken welke opvattingen jij erop na houdt bij de start van deze behandeling:

A1 Opdracht

Zet een kruisje voor de uitspraken en opvattingen die op dit moment voor jou gelden en vul eventueel aan.
Jouw opvattingen over eten:
- Als ik eet, word ik dik.
- Als ik dik ben, dan walgt iedereen van me.
- Alleen als ik dun ben, kan ik gelukkig zijn.
- Alleen als ik dun ben, ben ik speciaal.
- Zonder eetstoornis ben ik niemand.
- Ik heb mijn eetstoornis nodig om andere problemen te ontvluchten.
- Mijn eetpatroon is het enige in mijn leven waar ik controle over heb.

- Eten geeft me troost.

- ....

- ....

Behandeldoelen

Wij willen met deze behandeling de volgende doelen bereiken:
- Herstel van een normaal eetpatroon, een normale waarneming van honger en verzadiging en een gezond gewicht.
- Afname van eetbuien en van compensatiegedrag (braken, laxeren, veel bewegen).
- Herstel van een normaal bewegingspatroon.
- Herstel – waar mogelijk – van de lichamelijke en psychische gevolgen van de eetstoornis.
- Voorkomen of herstel van bijkomende problemen op lichamelijk en psychisch gebied.
- Begrip voor de samenhang van de symptomen die bij de eetstoornis horen.
- Verandering van overig gedrag en houding, gerelateerd aan de eetstoornis.
- Verbetering in het persoonlijk en sociaal functioneren.

Hopelijk kunnen we aan het eind van de behandeling vaststellen dat je een stabiel en gezond eetpatroon en gewicht hebt, dat je een gezonde lichaamssamenstelling (vocht-/spier-/vetverdeling) hebt en dat je op een gezonde manier denkt over jezelf, andere mensen en de toekomst.

Nuttige adressen voor informatie over eetstoornissen

Aanbevolen websites:
- www.debascule.com
- www.eetstoornis.info
- www.naeweb.info
- www.proud2Bme
- www.rintveld.com
- www.sabn.nl
- www.ziezo.eu

Module B: Denken

In deze module krijg je informatie over denken en hoe dit samenhangt met voelen en doen. Je leert ook hoe je je eigen gedachten, veronderstellingen en overtuigingen kunt ontdekken en beïnvloeden. We bekijken zowel de inhoud als je manier van denken, dus wat en hoe je denkt. Een andere naam voor deze module zou kunnen zijn: denktanken. Mensen met een eetstoornis (AN, BN of eetstoornis NAO) zijn vaak erg bezorgd over hun uiterlijk, over hun gewicht en over de hoeveelheid voedsel die ze eten. Bovendien denken ze dikwijls heel negatief over zichzelf. Om die reden vermijden ze liever sociale situaties of houden ze zichzelf zo veel mogelijk op de achtergrond in die situaties waarin ze er niet onderuit kunnen komen.

Mensen met een eetstoornis hebben ook vaak een reeks vaste (stereotype) gedachten. Deze zijn lang niet altijd 'opbouwend' of 'helpend'. Toch komen ze elke dag weer terug, zonder dat je het in de gaten hebt; het gaat eigenlijk automatisch. Je leert eerst om die 'automatische gedachten' te herkennen en dan te bekijken of je ze wilt houden of liever vervangt door gedachten die meer met de objectieve werkelijkheid overeenkomen. Met behulp van het zogenoemde 'G-schema' kun je jouw gedachten op het spoor komen.
We voelen zoals we denken (I), maar we hoeven niet te geloven wat we denken (II).

1 We voelen zoals we denken

Waarom is het zo belangrijk om stil te staan bij je gedachten, vraag je je misschien af. Een belangrijke reden hiervoor is dat je met je gedachten vaak in cirkeltjes blijft ronddraaien en daardoor niet verder komt. Bij mensen met een eetstoornis is alles wat met eten en gewicht te maken heeft een obsessie geworden. Door het dubbelleven dat ze leiden als gevolg van de schaamte over hun eetprobleem, zijn ze niet erg open over hun gedachten. Gevoelens zijn lastig te beïnvloeden. Je kunt ze niet direct veranderen, al zou je dat nog zo graag willen. Hoe je je voelt, wordt voor een belangrijk deel bepaald door je gedachten. Ook je gedrag bepaalt je gevoel. Je kunt dus zowel via je gedachten als via je gedrag je gevoel de goeie kant opsturen.

Laten we eens naar een voorbeeld kijken. Stel dat je 's nachts in bed ligt en je hoort een hard geluid. Je denkt: er is een inbreker! Dan zul je je waarschijnlijk angstig voelen. Dat gevoel brengt je ertoe dat je naar een knuppel naast je bed grijpt of je dieper onder je deken verstopt. Als je in diezelfde situatie denkt: het is natuurlijk mijn kat die weer eens tegen iets oploopt, ik kijk morgen wel wat ie nu weer omver heeft gelopen. Dan voel je je anders, niet angstig. Vermoedelijk gedraag je je dan ook anders: je slaapt weer verder en bekijkt de volgende dag of je sporen vindt van de kat en van wat ie eventueel heeft aangericht.

Zo zie je dat in eenzelfde situatie je gevoel en je gedrag bepaald wordt door hoe je over die situatie denkt. Met andere woorden: hoe je een gebeurtenis interpreteert, bepaalt wat je voelt en doet.

In deze module leer je om bepaalde gedachten te analyseren die te maken hebben met je eetstoornis: kloppen ze eigenlijk wel, zijn ze realistisch? Omdat mensen met een eetstoornis hun gedachten meestal niet met anderen uitwisselen, is de kans groot dat ze hun gedachten baseren op misverstanden of misvattingen. Ze geven zichzelf niet de gelegenheid om hun gedachten te toetsen en beseffen daardoor niet dat ze zichzelf belasten met hun 'onverstandige' gedachten en overtuigingen. We gaan je leren om 'verstandiger' te denken. Met verstandig denken kun je tot een meer realistische kijk komen op jezelf en je omgeving, waardoor je negatieve gevoelens kunnen verminderen en je ander gedrag kunt uitproberen.

Het invullen van een G-schema

Om te beginnen is het de bedoeling dat je onderscheid leert maken tussen gebeurtenissen, gevoelens en gedachten. Veel mensen met emotionele problemen blijken moeite te hebben met dit onderscheid. Het G-schema gaat je helpen te leren ordening aan te brengen in een emotioneel moeilijke situatie.

Gebeurtenis
Een gebeurtenis is een beschrijving van een situatie die je kunt waarnemen (zien, horen, ruiken). Het betreft feiten die observeerbaar zijn. Je kunt controleren of je de situatie goed genoeg hebt beschreven door na te gaan of een camera zou kunnen registreren wat je hebt opgeschreven. 'Mijn gesprekspartner geeuwt, terwijl ik vertel over mijn vakantie' is een goede beschrijving van een situatie. 'Mijn gesprekspartner vindt mijn verhaal oninteressant' is echter een gedachte over een gebeurtenis en niet een beschrijving ervan. Het is een conclusie of een interpretatie naar aanleiding van wat je meent waar te nemen.

Gevoelens
Er zijn vier basisgevoelens. Ze worden ook wel de 4 B's genoemd:
Bang, Boos, Bedroefd en **Blij**.

Gevoelens en gedachten
Gevoelens en gedachten worden vaak door elkaar gehaald. Bijvoorbeeld: 'Ik voel dat ik na dit eten morgen een pond zal zijn aangekomen' is een gedachte, als gevoel verpakt. De gedachte 'Ik zal morgen een pond aangekomen zijn' is een gedachte die het gevoel angst zal oproepen.

Hoe vul je het G-schema in?
- Het eerste vak 'Datum en Tijdstip' is bedoeld om aan te geven om welk moment het precies ging. Het is namelijk niet de bedoeling dat je situaties in het algemeen beschrijft, maar dat je specifieke gebeurtenissen uitkiest.
- In het tweede vak beschrijf je de 'Gebeurtenis'. Hierbij is het de bedoeling dat je een beeld schetst van de situatie die aanleiding was voor een gevoel, bijvoorbeeld angst. Beschrijf de situatie alsof je er door een camera naar kijkt – dus zonder je gedachten of gevoel erbij.

- Het derde vak is voor je 'Gevoel'. Het gaat om je gevoelens op dat moment. Welke gevoelens had je (kies uit de 4 B's)? En hoe intens waren die? Nadat je (verschillende) gevoelens hebt genoteerd, geef je aan hoe sterk elk gevoel op dat moment was. '100' is de allersterkste graad van het gevoel dat je je kunt voorstellen. Bij '0' heb je de emotie helemaal niet.
- In het vierde vak komen de 'Automatische gedachten'. Het is belangrijk om de gedachten te ontdekken die gepaard gingen met het gevoel. Vaak is het nog niet zo eenvoudig om die gedachten terug te halen. Deze gedachten schieten zo automatisch door je hoofd, dat je je daar meestal helemaal niet van bewust bent. Dat betekent dat je achteraf, bij het invullen van het dagboek, echt even goed de tijd moet nemen om je weer terug te verplaatsen in die situatie.

> Soms gaat het niet om één bang makende gedachte, maar om een heel rampscenario. Zoals in het geval van Anna die op een verjaardag een gebakje aangeboden krijgt. Zij denkt: 'Als ik dit gebakje eet, kom ik een kilo aan en dan ben ik dik. Als ik dik ben, ben ik lelijk. En dan zal niemand meer met mij willen omgaan.'

Noteer per gedachte steeds de geloofwaardigheid. Als je er helemaal van overtuigd was, noteer je 100, als je even zeker als onzeker was, noteer je 50. Als je het maar een beetje gelooft, schrijf je bijvoorbeeld 25 op.
- In het vak 'Gedrag' noteer je wat je gedaan hebt in de situatie. Ook wat je eventueel niet hebt gedaan - als je iets uit de weg bent gegaan -, bijvoorbeeld: geen koekje nemen.
- In het vak 'Gevolg' kun je noteren wat op korte en lange termijn het gevolg is van je gedrag. Het niet-eten kan op korte termijn opluchting geven, maar op lange termijn tot ernstige gevolgen leiden: bijvoorbeeld een (verlengde) opname.
- 'Gewenst gedrag' kan ook interessant zijn om in te vullen. Vaak zit je vast in bepaalde gedragspatronen, maar zou je best weten hoe het ook anders zou kunnen. Geef hier aan hoe je je in deze situatie liever zou willen gedragen.

Hiernaast zie je een voorbeeld van een ingevuld schema. Je therapeut zal je lege G-schema's geven om zelf in te vullen.

1. Datum + tijdstip	Vrijdagmiddag 11 januari om 4 uur.
2. Gebeurtenis: Wat gebeurde er? Waar was ik? Met wie? Beschrijf het zo nauwkeurig mogelijk	"Ik ben op een verjaardag van een vriendin en haar moeder biedt mij een stuk appeltaart aan"
3. Gevoel: Wat voelde je? Welke emotie hoort hierbij? Sterkte van het gevoel (0-100)	"Ik voelde me bang worden" (80) en ook boos op mezelf (35)
4. Automatische gedachten: Welke gedachten gingen gepaard met het gevoel? Geloofwaardigheid (0-100)	"Als ik die appeltaart eet dan pas ik dadelijk niet meer in mijn broek" (70) "Iedereen vind mij hier een vreetzak als ik die appelpunt opeet" (45) "Waarom kan ik nu niet eens normaal een gebakje mee-eten zonder bang te worden, ik ben echt een sukkel" (60).
5. Gedrag: Wat deed je (niet)?	"Ik heb verteld dat ik net gegeten had en dat ik straks misschien wel een stukje zou willen".
6. Gevolg: Korte termijn Lange termijn	"Ik voel me opgelucht dat ik het stuk taart niet gegeten heb". Ik was wel steeds bang dat ze me weer een stuk zou aanbieden. "Ik leer zo niet om mee te doen met dit soort eetmomenten en ik houd hierdoor ook mijn angst voor aankomen in stand".
7. Gewenst gedrag: Formuleer wat je liever had willen doen in die situatie.	"Ik had liever wel het stuk taart durven eten, zodat ik weer gewoon mee kan doen zoals de anderen en mijn angst voor aankomen niet uit de weg ga".

II Maar we hoeven niet te geloven wat we denken[1]

Er zijn allerlei vragen die je aan je zelf kunt stellen om je gedachten onder de loep te nemen.

1 Bewijzen
- Is dit wel echt waar?
- Waaruit blijkt dan dat deze gedacht waar is?
- Waaruit blijkt dan dat deze gedachte niet waar is?

2 Andere uitleg
- Is er ook een andere uitleg mogelijk? Hoe zou iemand anders dit zien?

3 Verschillende scenario's
- Wat is het ergste dat er kan gebeuren?
- En als dit zou gebeuren, hoe zou ik dan reageren?
- Zou ik daarmee kunnen omgaan?
- Wat is het beste dat er zou kunnen gebeuren?
- Wat is het meeste waarschijnlijke dat er zal gebeuren?

4 Effecten
- Welke gevolgen heeft deze gedachte voor mij?
- Welke gevolgen zijn mogelijk als ik deze gedachte verander?

5 Conclusie
- Snijdt mijn gedachte eigenlijk wel hout en is die gebaseerd op betrouwbare informatie?

6 Alternatief
- Wat is al met al een betere gedachte?

7 Actie
- Wat kan ik doen om mijn gedachte te veranderen?

8 Perspectief veranderen
- Wat zou ik tegen … (vriend, vriendin) zeggen als die deze gedachte had?

---

[1] Citaat van Joany Spierings

Soort	Beschrijving	Voorbeelden
Alles of niets	Alleen zwart of wit bestaat, geen grijs, geen nuanceringen	Ik ben dik óf dun Ik ben perfect of lelijk
Overdrijven	Voorspellingen doen vanuit 1 ervaring	Ik heb x gefaald, dus ik kan het niet (meer)/nooit goed doen
Negatief filter	Door negatieve bril kijken en alleen negatieve details zien	Ik heb vandaag x verkeerd gedaan, dus ik heb alleen maar dingen verkeerd gedaan
Emoties tot feiten maken	Subjectieve gevoelens tot objectieve werkelijkheid maken	Ik voel me bang, dan is er dus gevaar. Ik voel me dik, dus ik ben dik
Moeten	Jezelf dwingende, niet realiseerbare eisen opleggen, waarmee je zware druk op jezelf legt	Ik zou een betere dochter/leerling/vriendin moeten zijn Ik moet x kilo wegen, anders ben ik waardeloos Ik weeg y pond, dus ik moet afvallen

Oorspronkelijke gedachten	Alternatieve gedachten
Ik ben niet uitgenodigd voor het feest van Sophie, dus niemand vindt mij aardig.	Ik vind het jammer dat ik niet ben uitgenodigd, maar dat wil niet zeggen dat niemand mij aardig vindt.
Ik heb vandaag gebraakt, dus deze hele behandeling heeft geen zin.	Ik heb vandaag gebraakt, maar ik pak mijn voedingsadvies weer op en ga in therapie bespreken wat ik anders kan doen om het braken te voorkomen.

Misvattingen en misverstanden over eten

B1 Opdracht

In deze opdracht lees je een aantal mythen, misverstanden en misvattingen die heel veel voorkomen bij mensen met een eetstoornis. Zet een cirkel om het cijfer van de uitspraken waar jij in gelooft. Formuleer daarna je eigen antwoord op de uitspraak met behulp van de technieken die je geleerd hebt.

1 Als ik eet, word ik dik.
Mijn weerwoord:
....
....
....

2 Alleen als ik dun ben, kan ik gelukkig zijn.
Mijn weerwoord:
....
....
....

3 Om niet te hoeven voelen, moet ik: vasten/vreten/braken/mezelf pijn doen.
Mijn weerwoord:
....
....
....

4 Alleen als ik dun ben, ben ik speciaal/succesvol/de moeite waard.
Mijn weerwoord:
....
....
....

5 Zonder eetstoornis ben ik niemand.
Mijn weerwoord:
....
....
....

6 Ik heb mijn eetstoornis nodig om niet met mijn problemen bezig te hoeven zijn.
Mijn weerwoord:
....
....
....

7 (Schrijf hier een zelfbedacht misverstand.)
....

Mijn weerwoord:
....
....
....

Maak een balans op van de voor- en nadelen die de eetstoornis je oplevert. Schrijf daarna op welke doelen je wilt bereiken met deze behandeling

Balans

B2 Opdracht

Balans van voor- en nadelen van mijn eetstoornis
Beantwoord de volgende vragen en maak de balans voor jezelf op van de voor- en nadelen die de eetstoornis je oplevert.

Voordelen:
....
....
....

Nadelen:
....
....
....

Waar wil ik vanaf?
....
....
....

Hoe kan ik dat bereiken?
....
....
....

Wat wil ik behouden?
....
....
....

Wat wil ik verder veranderen?
....
....
....

Hoe kan ik dat bereiken op een gezonde manier?
....
....
....

Mijn behandeldoelen

B3 Opdracht

Schrijf hieronder jouw behandeldoelen met deze cognitieve gedragstherapie voor de korte en langere termijn.
Mijn behandeldoelen met deze cognitieve gedragstherapie
Ik wil uiteindelijk/deze maand/deze week bereiken dat:
....
....
....

Daarvoor ga ik de komende tijd/deze maand/deze week het volgende doen:
....
....
....

Evalueren
Je therapeut bespreekt regelmatig met je hoe je de afgelopen periode gewerkt hebt aan je behandeldoelen.

Breng onder woorden waarom je van je eetstoornis af wil en doe dat in de vorm van een afscheidsbrief aan je eetstoornis.

Afscheidsbrief aan mijn eetstoornis

Module C: Eten

In deze module vind je informatie over eetpatronen en voeding en lijsten die je kunt gebruiken bij het veranderen van jouw eetpatroon. Ook is er materiaal dat je kunt gebruiken om je angsten die gepaard gaan met verandering van je eetpatroon te lijf te gaan. Als je een te laag gewicht hebt, zal deze module je helpen om aan te komen.

Een gezond eetpatroon

De behandeling van een eetstoornis kan niet plaatsvinden zonder goed, vaak en eerlijk over je eetpatroon te spreken, in eerste instantie met je therapeut. Misschien vind je dit wel vervelend en lastig, want eten is nu juist een onderwerp dat je helemaal zelf wilt bepalen en regelen. Wetenschappelijk onderzoek heeft alleen aangetoond dat er eerst gewerkt moet worden aan gezond eten, gezond bewegen en het stoppen van braken of laxeren, voordat eventuele dieperliggende problemen goed aangepakt kunnen worden. Eigenlijk ook wel logisch, zeker als je je realiseert dat gedachten over eten en niet-eten vaak een groot deel van de dag door je hoofd spoken. En dat je lichamelijke toestand eerst verbeterd moet zijn voordat je echt aan de slag kunt met je zelfbeeld of andere problemen waar je last van hebt.

Vaak horen we van jongeren met een eetstoornis dat ze zich helemaal niet ziek of rot voelen, dus waarom zou je dan toch in behandeling gaan of anders gaan eten? Dat is inderdaad lastig, want als je je niet ziek voelt, is het moeilijk om gemotiveerd te raken voor het veranderen van je gedrag. Helaas is een van de kenmerken van een eetstoornis dat je je lange tijd niet ziek hoeft te voelen, terwijl het wel een heel ernstige aandoening is. Hoe eerder je in behandeling komt, hoe groter de kans op (volledig) herstel.

Samen met een diëtist of je therapeut wordt afgesproken met welk voedingsadvies je kunt starten. Dat is een precies werkje, want als je langere tijd niet veel hebt gegeten of vaak hebt gebraakt of gelaxeerd, is het belangrijk dat hoeveel en wat je eet per dag in stapjes wordt opgebouwd. Als je ineens te veel op je bord zou krijgen, kan dat een gevaar opleveren voor je gezondheid (je kan bijvoorbeeld hartritmestoornissen krijgen). Het is daarom aan te raden dat ook een arts regelmatig lichamelijke controles bij je uitvoert, zeker tijdens het opbouwen van een gezond eetpatroon.

Uiteindelijk zoeken we naar een voedingsadvies waarmee je wekelijks aankomt wanneer er sprake is van ondergewicht. Dit kan soms enige weken in beslag nemen, omdat aankomen niet alleen afhangt van hoeveel je eet, maar natuurlijk ook van hoeveel je beweegt op een dag. Purgeren (braken en laxeren) bemoeilijkt het aankomen. Al deze verschillende gedragingen (eten, bewegen, purgeren) worden in deze module besproken, waarbij de nadruk ligt op leren (weer) regelmatig te eten, zodat je gewicht zich kan herstellen. In andere modules zullen de onderwerpen purgeren en bewegen behandeld worden.

Hoeveel je per week moet aankomen, wordt in overleg met je behandelaar bepaald. In een kliniek (waar patiënten met een eetstoornis opgenomen zijn) is het niet ongebruikelijk dat patiënten per week een pond tot een kilo aankomen. Als je poliklinisch behandeld wordt (en dus gewoon thuis woont), wordt meestal uitgegaan van drie tot vijf ons per week gewichtstoename.

Aankomen zal gepaard gaan met angstgevoelens of een gevoel dat je geen controle meer hebt over je eten en je gewicht. Maar bedenk goed: deze angst is te overwinnen als je blijft volhouden en blijft bedenken dat deze hobbel nodig is om te herstellen van de eetstoornis! Ter vergelijking: angst voor water kan ook alleen maar verdwijnen als je uiteindelijk door de angstige momenten heen bijt en in het water durft te springen …
Je hoeft het opbouwen van een gezond eetpatroon niet in je eentje te doen. Je therapeut, de diëtist en ook je ouders kunnen je hierbij helpen en ondersteunen. Vaak worden er ook afspraken met jou en je ouders gemaakt over wie de recepten kiest, wie boodschappen doet, wie kookt en hoe je ouders je kunnen helpen tijdens de eetmomenten. Dit is belangrijk om strijd en ruzie te voorkomen. Hoe duidelijker de afspraken, hoe minder spanning aan tafel, is onze ervaring. Dit kan betekenen dat we je ouders aan het begin van de behandeling zullen aanraden om eerst een aantal beslissingen rond eten van je over te nemen. Dit is erg lastig voor veel jongeren met een eetstoornis, want het liefst wil je natuurlijk zelf bepalen wat je eet en hoeveel. Maar juist door de eetstoornis is het soms te moeilijk geworden om goede keuzes te maken zo lang je nog zo angstig bent om te eten.

Eetdagboek

Om inzicht te krijgen in je huidige eetpatroon is het belangrijk om dagelijks bij te houden wat je eet en drinkt. Dit kun je doen door een eetdagboek in te vullen. Gebruik hiervoor een schrift of notitieblok. Een voorbeeld van een ingevuld schema volgt hierna. Van je therapeut krijg je schema's om zelf in te vullen.
- Noteer in de eerste kolom de datum en de dag.
- Noteer in de tweede kolom zo volledig mogelijk wat je hebt gegeten en hoeveel, in huishoudelijke maten (opscheplepel, eetlepel, glas enzovoort).
- Noteer in de derde kolom de plaats waar je hebt gegeten en met wie (bijvoorbeeld: thuis, eettafel, met mijn moeder).
- Geef vervolgens aan of het een eetbui was of niet.
- In de volgende kolom noteer je of je erna gecompenseerd hebt.
- In de laatste kolom noteer je de gedachten en gevoelens die je op dat moment had.

Tips:
- Maak je niet druk over je handschrift.
- Maak er geen roman van, geef alleen een kort verslag van wat er gebeurde.
- Neem het dagboek overal mee naartoe en noteer alles zo snel mogelijk nadat je iets gegeten hebt.
- Vul het dagboek eerlijk in.

Voorbeeld ingevuld dagboek

Eetdagboek. Dag:..............................

Tijd	Voedsel en drank (wat en hoeveel)	Plaats en met wie?	Eet- bui J/N	Compensatie- gedrag	Gedachten en gevoelens
8.30	2 sneden bruin brood met margarine 1x kaas en 1x jam 1 kopje thee 1 glas half- volle melk	Keuken- tafel, alleen	N	Geen	Ontbijt ging wel ok, relaxed
10.15	1 kopje thee met 1 pakje sultana	Bank, samen met ma	N	Geen	Gespannen, want ma zit op me te letten

C1 Opdracht

Houd je eigen dagboek bij. Je krijgt van je therapeut lege formulieren die je zelf kunt invullen.

Voorbeeld dagmenu

Let op:
Je kunt dit dagmenu niet zomaar gebruiken; bepaal jouw dagmenu in overleg met je behandelaar of diëtist!

Ontbijt	2 sneden bruin of volkoren brood besmeren met dieetmargarine beleg: 1x kaas, 1x zoet beleg 1 glas zuivel, 1 glas thee, eventueel met suiker
tussendoor:	thee of koffie, eventueel met suiker en melk 1 tussendoortje (bijvoorbeeld pakje sultana)
lunch:	3 sneden bruin of volkoren brood, besmeren met een dieetmargarine beleg: 1 x kaas, 1 x hartig, 1 x zoet beleg 1 glas zuivel, 1 glas thee, eventueel met suiker
tussendoor:	thee of koffie, eventueel met suiker 1 portie fruit 1 tussendoortje (bijvoorbeeld 2 plakken ontbijtkoek)
warme maaltijd:	1 portie aardappelen (3-4 stuks ter grootte van kippenei) 1 portie vlees, vis, kip of vervanging 1 portie jus of saus (1 jus-/sauslepel) 1 portie groente (4 opscheplepels) 1 schaaltje zuivelnagerecht (bijvoorbeeld vla, yoghurt, pudding)
tussendoor:	thee of koffie, eventueel met suiker en melk 1 portie fruit 1 tussendoortje (bijvoorbeeld 2 biscuitjes)

Het is belangrijk om voldoende te drinken; drink per dag anderhalf tot twee liter (dit zijn tien tot veertien glazen).

Eettips voor mensen met AN en eetstoornis NAO:
1. Bedenk steeds dat eten je belangrijkste medicijn is.
2. Eet op vaste tijden en zes keer per dag (drie maaltijden en drie tussendoortjes). Je gevoel van honger en verzadiging is namelijk nog verstoord. Pas later kun je weer gaan oefenen met eten 'op gevoel'.
3. Laat het boodschappen doen en koken voorlopig over aan anderen, hoe moeilijk dat ook kan zijn. Overleg wel vooraf over het menu.
4. Bedenk wie je kan steunen bij de eetmomenten, en hoe (wie schept op, vind je het prettig als iemand je aanmoedigt, feedback geeft of juist niet?). Maak goede afspraken hierover om frustraties en irritaties te voorkomen.
5. Stop met het tellen van calorieën en/of wegen van voedsel. Dit soort gedragingen houden je anorectische gedachten in stand.
6. Als je bewegingsdrang of braakdrang hebt, spreek dan met iemand af, zodat je na de maaltijden niet alleen bent. Zoek afleiding.

7. Creëer 'hulpbronnen' voor jezelf, bijvoorbeeld een placemat met motiverende teksten of plaatjes die bij elke maaltijd op tafel ligt.
8. Eet de maaltijden in maximaal een half uur op. Dit voorkomt eindeloos 'rommelen' met het eten. Eet aan tafel en zet de televisie of radio uit.
9. Maak een lijstje van 'verboden' producten waarvan je elke week één ding gaat oefenen (begin bij het minst moeilijk en eindig bij het moeilijkste product). Bespreek je eetdoelen met je behandelaar.
10. Maak een lijstje van situaties/plaatsen waar eten moeilijk voor je is, zoals op school, met vriendin, in de trein enzovoort. Stel doelen om dit te leren en bespreek die met je behandelaar.

Setpointtheorie

Als je afvalt of aankomt in gewicht, verandert je stofwisseling. Dit doet het lichaam vanzelf om je gewicht zo veel mogelijk stabiel te houden rond een bepaald gewicht. Aankomen of afvallen wordt dus niet alleen bepaald door wilskracht. Erfelijkheid is een belangrijke factor voor de bepaling van jouw setpoint (jouw individuele gezonde streefgewicht). Daarom zullen behandelaren vragen naar je individuele groeicurve, die je kunt opvragen bij de GGGGD. De diëtiste kan aan de hand van die groeicurve (hoe was je ontwikkeling in lengte en gewicht) je individuele streefgewicht bepalen. Zolang je gewicht onder je setpoint blijft, worden de anorectische gedachten in stand gehouden, omdat je lichaam als het ware 'roept' om eten. Anorectische gedachten kunnen pas verminderen wanneer je een gezond gewicht hebt bereikt en dit ook gedurende langere tijd kunt vasthouden, namelijk meer dan een jaar.

Gewichtsherstel

Om gewichtsherstel te bereiken, is het belangrijk dat je leert je voedingsadvies te volgen, je bewegingen te beperken en het eten niet te compenseren met braken of laxeren. Als dit je lukt, krijgen jij en je behandelaren een goed beeld van het gewichtsverloop (hoeveel kom je wekelijks aan, blijf je stabiel of val je af?). Maar juist het weer gaan eten, levert veel angst op omdat je misschien wel beter wilt worden, maar het ook heel eng vindt om aan te komen. Deze angst is niet zomaar weg te toveren, maar de volgende tips kunnen je hierbij wel ondersteunen.

Hulpzinnen

Schrijf motiverende kreten of teksten op een kaartje of maak een eigen placemat. Leef je uit en maak er een mooie en motiverende collage van die bij elke maaltijd op tafel ligt. Je doet het voor jezelf! (zie ook pagina 11)

Bedenk, zelf of met je therapeut, zinnen die je tegen jezelf kan zeggen als je angst voelt opkomen wanneer je iets gaat eten of nadat je gegeten hebt en je wilt gaan braken of laxeren, vasten of dooreten. We geven vast een paar voorbeelden.

Bij drang om te gaan purgeren:
- 'Mijn eten is voor mij een medicijn; dat moet ik nemen en binnenhouden.'
- 'Braken/laxeren nu verhoogt het risico op vreten straks.'
- 'Ik kan niet vertrouwen op hoe ik mijn lichaam nu zie en voel.'

Bij drang om te gaan vasten:
- 'Eten biedt bescherming.'
- 'Ik heb voedsel nodig om mezelf gezond te houden/maken.'
- 'Wat ik ook voel of zie, mijn gewicht is te laag.'

Bij drang om te gaan vreten:
- 'Ik heb mezelf beloofd om me te houden aan mijn voedingsadvies.'
- 'Ik houd me aan mijn beloftes.'

Afleidende activiteiten

Naast de mogelijkheid om hulpzinnen tegen jezelf te zeggen, kan het ook handig zijn om een lijstje te hebben van activiteiten die je kunt doen om je te laten afleiden. Welke activiteiten doe je graag en kunnen je helpen om je gedachten te verzetten?

C2 Opdracht

Maak je eigen lijstje van favoriete activiteiten.

1 ....

2 ....

3 ....

4 ....

5 ....

6 ....

7 ....

8 ....

9 ....

10 ....

Ontspanningsoefeningen

Iedereen reageert op zijn eigen manier op angst en spanning; de één wordt stil, de ander druk, de volgende verkrampt, of gaat verkeerd ademhalen en nog weer een ander krijgt hoofdpijn. In de behandeling zal worden gesproken over situaties die angst en spanning uitlokken en welke reacties jij daar zelf op hebt. Ga je anders ademhalen, trillen, in elkaar gedoken zitten of word je stil? En wat kun je doen om te ontspannen?

Aan de hand van ontspanningsoefeningen die de therapeut met je oefent, kun je leren om de angst te verminderen die kan ontstaan vóór, tijdens en na het eten, maar ook op andere momenten als je je gespannen voelt. Er kunnen verschillende manieren van ontspanning gebruikt worden, zoals ademhalingsoefeningen, of stap voor stap je spieren bewust aanspannen en weer ontspannen. Een andere ontspanningsoefening is je gedachten terug laten gaan naar een fijn, ontspannen moment dat je je goed kunt herinneren. Samen met de therapeut kun je bekijken welke manier van ontspannen het best bij jou past.

Feiten en fabels over voedsel

Veel mensen (zonder en met een eetstoornis) hebben ideeën over eten, aankomen of lijnen die niet kloppen met de werkelijkheid. Het is nuttig om jouw eigen ideeën hierover nog eens op te schrijven en te bespreken met je therapeut of diëtist. We geven een paar voorbeelden; probeer deze met nog minimaal vijf aan te vullen.

Fabels over voedsel en gewichtsverandering:
- Vetvrij eten is goed, omdat vet wordt omgezet in lichaamsvet.
- Koolhydraten eten samen met vet is slecht, omdat de combinatie van die twee dik maakt.
- Proteïne eten is goed, omdat dit omgezet wordt in spierweefsel.
- Sporten/bewegen na eten is noodzakelijk om ingenomen calorieën te verbranden.
- Eten voor het slapen is slecht, omdat tijdens de slaap voedsel omgezet wordt in vet.
- Als ik dingen ga eten die ik nu niet eet, loop ik het risico volledig de controle kwijt te raken en dan word ik dik. Dat risico mag ik niet nemen.
- Als ik aankom, gaat alles naar mijn buik en benen. Het komt bij mij altijd op de verkeerde plek terecht en dat maakt mij lelijk.
- Eerst moet ik conflicten en emotionele problemen oplossen, voordat ik mijn eetpatroon kan aanpakken.

C3 Opdracht

Vul aan met je eigen ideeën over dit onderwerp.

1 ....

2 ....

3 ....

4 ....

5 ....

Van je therapeut krijg je een folder van de werkgroep Voedings Interventie Eetstoornissen (VIE). Bekijk deze folder, geschreven door diëtisten, en check jouw ideeën en veronderstellingen met de informatie die je hierin leest.

Module D: Laten zitten

In deze module lees je informatie over de verschillende vormen van compensatiegedrag waarmee mensen met een eetstoornis de gevolgen van eten ongedaan (proberen te) maken. Het doel van deze module is 'te laten zitten' wat je gegeten hebt en ook het compensatiegedrag 'te laten zitten'. We gaan het eerst hebben over purgeren (zelfopgewekt braken en laxeren); daarna over hyperactiviteit. Je hoeft alleen de stukken te lezen die voor jou van belang zijn.

Purgeren
Na een eetbui of het eten van een gewone maaltijd volgt vaak een poging om de maaginhoud weer kwijt te raken. Dit heet purgeren. Er zijn verschillende manieren waarop je kunt purgeren: zelfopgewekt braken en/of laxeren. Braken en laxeermiddelengebruik komt dikwijls voor als compensatiegedrag bij BN na eten of een eetbui, maar het kan ook voorkomen bij patiënten met AN die eetbuien hebben.
Jongeren die braken of laxeren, doen dat om verschillende redenen: om af te vallen, uit angst om aan te komen, om even niets meer te voelen, om even niet te hoeven denken aan vervelende zaken in hun huidige leven of aan nare herinneringen.
Met purgeren houd je de eetstoornis in stand, omdat je hiermee het gevoel van verzadiging en/of de angst om aan te komen wegmoffelt, terwijl het juist belangrijk is om te leren op een gezondere manier met deze – en andere – gevoelens om te gaan. Dit leer je door deze gevoelens onder ogen te komen en ermee te leren dealen. Het is dus heel belangrijk om te stoppen met braken en/of laxeren. Dit is een absolute must om te kunnen genezen!

Door te braken of te laxeren, ontstaat een gevoel van controle ('ik heb wel gegeten, maar ik kan het toch zo weer uitbraken'), maar dit gevoel van controle is slechts schijn. Het is een illusie dat je hiermee controle hebt over je eten of je gewicht. En misschien nog wel belangrijker om te weten: purgeren kan heel ernstige gevolgen hebben voor je gezondheid!

Braken

Braken is de meest voorkomende vorm van purgeren bij BN; het komt ook voor bij mensen met AN. Mensen die braken hebben vaak last van keelpijn en heesheid. Ook gaat hun gebit vaak achteruit door aantasting van het tandglazuur. Al het vochtverlies dat gepaard gaat met braken, kan leiden tot een droge en schilferige huid; daarnaast tot nierproblemen (zoals nierstenen) en blaasontstekingen. Niet alleen vocht, maar ook zouten zoals natrium en kalium gaan verloren door het braken. Als het kaliumgehalte in het bloed laag is, dan ontstaat spierslapte. En aangezien de belangrijkste spier in ons lichaam het hart is, bestaat het risico van hartritmestoornissen of zelfs een hartstilstand.

Veel mensen denken dat je door middel van braken alles wat je gegeten hebt weer kwijtraakt, MAAR DIT IS NIET ZO! Ten eerste begint de spijsvertering al in een veel eerder stadium, bij de speekselklieren in de mond. Ten tweede blijft na het braken ongeveer een derde van wat je gegeten hebt achter in je maag.

Laxeren

Laxeermiddelen doen hun werk in de dikke darm, dus pas nadat in de dunne darm de nuttige stoffen uit het voedsel zijn gehaald en de niet-nuttige overblijfselen naar de dikke darm zijn getransporteerd. Laxeermiddelen zorgen ervoor dat het vocht met zouten (zoals kalium) bij de niet-nuttige voedingsrestanten blijft en samen met deze wordt uitgescheiden. Het vocht dat je lichaam nodig heeft, wordt door de laxeermiddelen dus ook uitgescheiden.

Laxeermiddelengebruik heeft geen invloed op welke onderdelen van het voedsel in je lichaam worden opgenomen. Daardoor heb je met laxeermiddelengebruik geen invloed op je gewicht. Wel zorgt het ervoor dat je te veel vocht kwijtraakt. Gevolgen zijn: uitdroging (waardoor je nieren kunnen beschadigen) en verlies van kalium (waardoor spierzwakte, hartritmestoornissen en een hartstilstand kan optreden). Bovendien kan bij langdurig misbruik van laxeermiddelen een beschadiging van de darmwand optreden en deze beschadiging kan blijvend zijn.

Als je stopt met laxeermiddelen, kun je tijdelijk vocht gaan vasthouden in je gezicht en je benen. Je nieren hebben hard moeten werken om zo veel mogelijk vocht vast te houden en daar gaan ze nog een tijd mee door – enkele weken – als je stopt met laxeren. Ook de dikke darm moet zelf weer op gang komen, waardoor in het begin verstopping kan ontstaan.

Naast lichamelijke reacties op het stoppen met laxeren, kunnen er ook problemen ontstaan op psychologisch gebied. Laxeren geeft een gevoel van reiniging, maar dat is een illusie. Je kunt daaraan wel gehecht zijn geraakt. De buik wordt platter na laxeren door verminderde vulling van de dikke darm. Uitdroging kan een gevoel geven van strak in je vel zitten, iets wat door sommigen als prettig wordt ervaren. De weegschaal gaf een

paar kilo minder aan tijdens het laxeermiddelengebruik. Tegen beter weten in blijft vaak het onterechte idee bestaan dat je met laxeren toch vet bent kwijtgeraakt.

Het zijn een paar moeilijke weken waar je doorheen moet, maar als het je lukt om te stoppen met braken en laxeren, dan heb je een HEEL BELANGRIJKE STAP gezet in je behandeling!

Het doel van de behandeling is dat je op een gezonde manier controle (terug)krijgt over je eetgedrag.

Eetbuien

Als je last hebt van eetbuien, maak je je vaak druk over het effect van die eetbuien op je gewicht, waardoor compensatiegedrag kan ontstaan om het effect van binnengekomen voedsel weer ongedaan te maken. Maar door te braken of laxeermiddelen te slikken, vergroot je juist de kans op een volgende eetbui. Omdat je al die calorieën er toch weer uitgooit, denk je zoveel te kunnen eten als je maar wilt, zonder dik te worden. Bovendien gaat braken makkelijker als je meer gegeten hebt. Dus door te braken, zorg je er in feite voor dat je eetbuien steeds groter worden en steeds vaker optreden. Er is immers geen enkele reden meer om niet zoveel te eten. 'Je wordt er toch niet dik van…', denk je. Waarschijnlijk maak je je na de eetbui nog veel grotere zorgen om je uiterlijk en gewicht dan voor die eetbui. Die zorgen leiden ertoe dat je je na de eetbui weer voorneemt om heel streng te gaan lijnen. Zolang jij je zulke grote zorgen blijft maken om je lichaam en je gewicht, houd je die cirkel in gang van lijnen – eetbuien – braken en blijven problemen met eten bestaan.

We zullen dus moeten nagaan waarom jij je zulke grote zorgen maakt om je uiterlijk en je gewicht. Vaak hangen dergelijke zorgen samen met een intens gevoel dat je niets voorstelt, dat je maar een waardeloos persoon bent. Als je je waardeloos voelt, vind je al snel dat je ook niet de moeite waard bent om gezien te worden.

D1 Opdracht
Opdrachten gericht op cognities

Een deel van de mensen met een eetstoornis is ervan overtuigd dat compensatiegedrag een redmiddel is, omdat het zowel de eetbuien als het gewicht binnen de perken zou houden. Om na te gaan of deze overtuiging eigenlijk wel klopt, helpt het om eens nauwkeurig te kijken naar je ideeën over eetbuien en compenseren (braken en laxeren).

> Boukje denkt:
> Door te braken/laxeren krijg ik al dat slechte eten weer uit mijn lichaam en kom ik niet aan.

1. Wat vind je van de redenering van Boukje? Wat zou een andere redenering kunnen zijn?

> Boukje heeft last van eetbuien en denkt dat compensatiegedrag (braken/laxeren) haar eetbuien in bedwang houdt. Ze denkt: alleen door me te houden aan heel strenge eetregels, lukt het me om mijn eetbuien tegen te houden. En: als ik niet meer braak, laxeer, vast, sport of lijn, dan krijg ik vast nog meer eetbuien.

2. Geef je mening over deze redeneringen van Boukje. Denk hierbij aan de informatie uit deze paragraaf en uit module B en maak een G-schema voor de redeneringen van Boukje.

3. Wat voor ideeën en veronderstellingen heb jij over braken/laxeren?

....

....

....

4. Pak er een leeg G-schema bij en vul het in.
   Hoe geloofwaardig zijn je gedachten? Wat voel je? Wat voor bewijs heb je vóór of tegen? Hoe realistisch zijn die gedachten en kun je alternatieve, meer realistische gedachten bedenken?

5. Wanneer is bij jou het braken/laxeren begonnen en wat gebeurde er toen met je gewicht? Maak een tijdlijn.

....

6 Boukje beweert het volgende: 'Als ik een warme maaltijd eet, dan kom ik kilo's aan.' Haar vriendin zegt: 'Als ik een warme maaltijd eet, dan kom ik geen kilo's aan; ik moet eten om gezond te worden.' Vergelijk de uitspraken van Boukje en die van haar vriendin met elkaar. Wat valt je op? Wat vind je ervan, wie zal zichzelf beter kunnen helpen en waarom?

....

....

....

Ineens of geleidelijk?

Hoe kun je leren om van het compenseren af te komen? Compensatiegedrag kan op verschillende manieren onder controle gebracht worden. Het is altijd belangrijk om medische controles te krijgen als je langdurig laxeermiddelen hebt gebruikt. De beste resultaten zul je boeken wanneer je ineens volledig stopt met braken. Je kunt het beste een stopdatum te plannen. Is dat echt niet haalbaar, dan kun je geleidelijk verminderen met behulp van een afbouwschema. Zolang het braken blijft bestaan, heb je nog altijd een achterdeur voor een eetbui ('want die braak ik straks toch weer uit'). Deze achterdeur verkleint de kans op herstel van je eetstoornis.

D2 Opdracht

1 Wat wordt jouw stopdatum en heb je al een afspraak met een arts gemaakt, zodat je onder medische controle bent zodra je gaat stoppen?
Of als dit echt niet haalbaar is:
2 Maak een uitstelschema: je kunt afbouwen door de eetbuien uit te stellen: de periodes tussen eten en compenseren, maak je steeds groter, bijvoorbeeld in de eerste week van vijf minuten tot een kwartier, de tweede week een half uur, de derde week een uur. Hoe ziet jouw uitstelschema er uit?

....

....

....

D3 Opdracht

Opdrachten gericht op bewustwording en verandering van gedrag

Om je meer bewust te worden van je drang tot braken en/of laxeren en vervolgens die drang te weerstaan kunnen de volgende stappen helpen.
- Stap 1. Ervaar de braak-/laxeerdrang. Blijf uit de buurt van het toilet of de plek waar de laxeerpillen liggen. Wat ga jij doen?
- Stap 2. Word je bewust van het keuzemoment dat je hebt. Je kunt toegeven aan

de drang, maar je kunt er ook voor kiezen – hoe moeilijk dat ook is – om dit niet te doen.
- Stap 3. Kies een alternatieve activiteit als afleiding van de drang. Kies uit activiteiten die prettig en gemakkelijk uitvoerbaar zijn, bijvoorbeeld iemand bellen, tekenen, in bad gaan, muziek luisteren, denken aan een prettige herinnering, in je dagboek schrijven wat de voordelen zijn van niet-purgeren. Je kunt behalve activiteiten ook helpende gedachten in de strijd gooien.

Noteer wat voor jou helpende gedachten zijn:

....

....

....

- Stap 4. Evalueer. Voel je je rustiger? Ben je nog onrustig? Heb je nog drang tot braken/laxeren?
Zo ja, doorloop de stappen dan nog een keer.
Zo nee, gefeliciteerd! Je hebt de eerste stappen gezet in het stoppen met compensatiegedrag.

Hyperactiviteit

Hyperactiviteit is een andere manier om te proberen de binnengekomen calorieën na eten of na een eetbui kwijt te raken. Hyperactiviteit houdt de eetstoornis mede in stand, omdat het gewichtstoename bemoeilijkt. We kennen twee soorten hyperactiviteit.

1. Cognitief aangestuurde hyperactiviteit. Dan denk je bijvoorbeeld: 'Ik moet en wil x-aantal sit-ups per dag doen om y-aantal calorieën kwijt te raken. Als ik dat niet doe of kan doen, dan word ik gek, of kom ik z-aantal kilo aan.'
2. Biologisch aangestuurde hyperactiviteit. De hyperactiviteit is dan geen gedrag waarvoor je kiest, maar voelt aan alsof je het niet kunt tegenhouden, alsof je voortgedreven wordt om te bewegen. Het is een onvermijdelijk lichamelijk gevolg van ondertemperatuur en wordt niet bewust aangestuurd door gedachten.

Net als stoppen met purgeren is het belangrijk om in de behandeling zo vroeg als voor jou mogelijk is te leren stoppen met hyperactiviteit. We geven je verschillende oefeningen die je hierbij kunnen helpen.

Bewustmaking

Door je bewegingsgedrag te laten observeren en registeren (monitoren), kun je in kaart laten brengen hoe vaak en in welke situaties het voorkomt. Als je opgenomen bent, kan een verpleegkundige gevraagd worden dit gedrag van jou te monitoren. Als je thuis woont, kan een van je gezinsleden dat doen. Het beste werkt het als je het ook zelf bijhoudt. Dan kun je de verschillende observaties naast elkaar leggen en krijg je eerder een

overzicht van hoe de situatie nu is. Uit de registratie moet duidelijk worden wat je doet, hoe vaak en hoe lang. Denk ook aan subtiele vormen van bewegen, zoals wiebelen ven benen, vaak gaan staan, overbodige kleine loopjes maken.
We geven twee voorbeelden van ingevulde lijsten. Van je therapeut krijg je lijsten om zelf in te (laten) vullen.

Voorbeeld lijst voor monitoring van bewegingsgedrag

Soort activiteit	Wanneer	Duur
Traplopen naar huiskamer en eigen kamer	7.15 uur, 7.30 uur, 15.00 uur, 16.00 uur, 17.00 uur, 21.30 uur	20 sec x 6
Wandelen met de hond	7.45 uur	35 minuten
Fietsen naar school	8.10 uur	20 minuten
Gym op school	10.30	60 minuten
Fietsen terug naar huis	14.30 uur	20 minuten
Wandelen met de hond	15.15 uur	15 minuten
Buikspieroefeningen	16.30 uur	20 minuten

Anderen kunnen alleen zien wanneer je beweegt, hoelang en hoe vaak. Ze kunnen niet zien wat jou aanzet tot bewegen. Wanneer je bewegingsdrang voelt, weet je alleen zelf. En dus kun je dat ook alleen zelf observeren en registreren. Het is belangrijk dat je daar duidelijkheid over krijgt, want dan weet je ook wanneer je actie moet ondernemen om het bewegen te voorkomen.

Voorbeeld lijst voor monitoring bewegingsdrang

Bewegingsdrang	Wat is er net gebeurd	Wat dacht ik net
Buikspieroefeningen	Heb een tussendoortje gegeten	Als ik nu geen oefeningen doe dan kom ik teveel aan
Fietsen	Heb een eetbui gehad	Ik moet nu fietsen om de eetbui te verbranden
Traplopen	Ik ga zo uit eten en dat is spannend	Als ik nu veel beweeg, kan ik straks mee-eten zonder dat ik teveel aankom

D4 Opdracht

Houd je eigen lijsten voor bewegingsgedrag en bewegingsdrang bij. Je krijgt van je therapeut lijsten die je zelf kunt (laten) invullen.

Voorkomen

Als je eenmaal weet in welke situaties de bewegingsdrang komt opzetten, kun je daar alert op zijn en leren om in die situaties jezelf toe te spreken, jezelf instructies te geven om iets anders te doen in plaats van bewegen, zoals afleiding zoeken in bijvoorbeeld lezen, puzzelen, muziek luisteren.

Afbouwen
Je kunt de hyperactiviteit geleidelijk afbouwen; dat is makkelijker dan in één keer, wat geadviseerd wordt bij het afbouwen van purgeren. Stel samen met je therapeut een programma op voor geleidelijke afbouw.

Opbouwen gezond beweegpatroon
Stel ook hiervoor een programma op met je therapeut. Bespreek gedachten en angsten die bij je opkomen en die het uitvoeren van dit programma bemoeilijken. Je therapeut kan je helpen hiermee goed te leren omgaan.

Warmte
Als je een ondergewicht hebt en daardoor ook ondertemperatuur, dan wordt je bewegingsdrang biologisch bepaald en komt die niet zozeer voort uit je wens om calorieën kwijt te raken (cognities). Warmte kan patiënten met een ondertemperatuur helpen om deze biologisch aangestuurde bewegingsonrust te verminderen. Zorg voor warmte door in een warme ruimte te verblijven, door warm ondergoed/warme kleding te dragen of door na het eten op een elektrische deken te rusten.

Module E: Baas over je brein

In deze module leer je meer controle te krijgen over het gedrag dat je nu als het ware overkomt; je leert hoe je in het vervolg ervoor kunt gaan kiezen om het gedrag wel of niet uit te voeren. Soms is de scheiding tussen wel of niet bewust voor iets kiezen niet zo duidelijk. We gaan ons richten op je drang tot eten in de vorm van eetbuien. Als je de module over compensatiegedrag na het eten (braken, laxeren of hyperactiviteit) doorlopen hebt, dan zul je merken dat dezelfde soort oefeningen hier terugkomt. Het gaat ook hier erom dat je meer baas wordt over je brein, want je brein verleidt je soms tot gedrag dat niet goed voor je is. De bedoeling is dat je die eetbuien 'eetbeu' wordt!
Om te beginnen kan je de eetbuidrang proberen te voorkomen door een aantal simpele maatregelen, zoals alleen eten op afgesproken tijden en plaatsen en geen eetbuivoedsel in huis halen.

Verandering van gedrag dat je problematisch vindt, begint met nagaan hoe het probleem precies in elkaar zit.

Een voorbeeld

Je bent alleen thuis (gebeurtenis) en voelt je eenzaam (gevoel). Je reageert hierop met een eetbui (gedrag). In reactie hierop zul je je direct daarna misschien minder eenzaam voelen (gevolg voor gevoel op korte termijn), maar daarna krijg je een opgeblazen gevoel (gevolg voor je gevoel op de iets langere termijn) en komt de neiging op om te gaan braken (gevolg voor je gedrag op de iets langere termijn). Je geeft toe aan die drang. Nadat je gebraakt hebt, voel je schaamte daarover (gevolg voor je gevoel op de langere termijn) en daalt je zelfvertrouwen door de gedachte 'wat ben ik weer aan het klooien' (gevolg voor je gedachten op de langere termijn).

Omdat je je in eerste instantie misschien minder eenzaam gaat voelen, wordt de eetbui als iets positiefs ervaren. Hierdoor blijft dit gedrag (het hebben van een eetbui) bestaan. Bij de volgende keer dat je je eenzaam voelt, zul je eerder geneigd zijn om opnieuw toe te geven aan je drang tot een eetbui, want je hebt geleerd dat een eetbui je kan helpen om je (op de korte termijn) even minder eenzaam te voelen. Maar er zit ook een negatieve kant aan: een eetbui leidt namelijk op de wat langere termijn tot een negatievere kijk op jezelf en lokt ander gedrag uit waarover je niet tevreden bent, namelijk braken of laxeren.

Zelfcontroletechnieken

'Zelfcontroletechnieken' is een verzamelnaam voor allerlei oefeningen en opdrachten die je kunnen helpen om meer controle te krijgen over je gedrag, waardoor je meer 'baas wordt over je brein'.

E1 Opdracht

Met de volgende oefeningen leer je eetbuien te voorkomen en werk je aan vergroting van je zelfcontrole.

1 Ontdekking drangmomenten
Je begint met een lijstje te maken van situaties die voor jou een risico vormen voor het uitlokken van een eetbui. Dit lijstje met voor jou gevaarlijke situaties maakt het voorspelbaar wanneer de drang tot een eetbui zich kan aandienen, bijvoorbeeld bij het zien van bepaald voedsel, alleen thuis zijn, je gekwetst voelen.

2 Vermijding drangmomenten
Als je weet wat gevaarlijke uitlokkers zijn, kun je ze (soms) vermijden, bijvoorbeeld door bepaalde voedselproducten niet in huis te halen.

3 Uitstel eetbui
Als je de drang om een eetbui te hebben voelt opkomen, kun je een aantal dingen doen:
- op een kaartje schrijven waarom het beter zou zijn om er niet aan toe te geven (gezonder voelen, geld overhouden, geen neiging tot braken erna);
- een afleidende activiteit gaan ondernemen die plezierig of aantrekkelijk is in plaats van toegeven aan de drang. Vooral een activiteit die niet goed samengaat

met het hebben van een eetbui werkt goed, zoals een fietstocht maken. Zie ook bij punt 5;
- een vriendin opbellen, die je van tevoren hebt gevraagd of ze je de negatieve gevolgen wil vertellen van het hebben van een eetbui zonder dat jullie hierover in discussie gaan;
- met jezelf afspreken dat je de tijd tussen de drang en de eetbui steeds langer zal maken, als het je ondanks deze uitwijkmogelijkheden toch nog niet lukt weerstand te bieden tegen de drang.

4 Positieve pep
Schrijf een tekst op een kaartje waarmee je jezelf kunt oppeppen, bijvoorbeeld:

> Ik ben niet langer iemand die reageert met een eetbui als ik mij onprettig voel.
> Ik geef niet meer toe aan die drang, die me steeds verder de vernieling in helpt.
> Ik kijk wel uit en weet wel beter!

Op het moment dat je weer de drang tot een eetbui voelt opkomen, lees dan dit kaartje hardop voor aan jezelf. Zorg ervoor dat je kaartjes met positieve peptalk altijd bij je hebt en lees ze elke dag. Maak je kaartje(s) met je eigen tekst waardoor je het makkelijker voor jezelf maakt om van een eetbui af te zien. Je kunt naast het schrijven van tekst, het kaartje ook versieren en een persoonlijk tintje eraan geven, zodat het echt jouw kaartje wordt.

5 Alternatieve activiteiten
Als zo'n kaartje niet voldoende effect geeft en je de drang tot het hebben van een eetbui nog niet kunt weerstaan, kies dan een alternatieve activiteit die bij jou past, direct uitvoerbaar is en een plezierig gevoel bij je oproept. Maak een lijstje met activiteiten die hiervoor in aanmerking komen. Voorbeelden:
- bezoeken van een vriendin;
- naar de bioscoop gaan;
- iets drinken op een terrasje;
- iemand bellen;
- tekenen;
- een bad nemen;
- schrijven;
- ....

6 Alternatieve aandacht
Naast het uitvoeren van een alternatieve activiteit die moeilijk te combineren is met het hebben van een eetbui, kun je ook je gedachten – en de daardoor opgeroepen spanning en negatieve gevoelens – veranderen. Zo kun je spanning verlagen door je aandacht af te leiden van gedachten aan eten of van negatieve gevoelens. Voorbeelden:
- nadenken over de positieve gevolgen van niet toegeven aan de drang;
- terugdenken aan een gelukkig moment;
- luisteren naar ontspannende/favoriete muziek;

- prettige herinnering tekenen/opschrijven.

7 Consequenties
Stel nu dat je een of meer van deze maatregelen hebt getroffen en het heeft niet geholpen; het is nog niet gelukt om de drang de baas te blijven en je hebt toch een eetbui gehad. Wat dan? Dan is het van belang om de positieve (plezierige) gevolgen van een eetbui zo veel mogelijk te beperken en de negatieve (nare) gevolgen te versterken. Je kunt bijvoorbeeld jezelf verbieden om iets gezelligs te doen en jezelf verplichten tot een vervelend schoonmaakklusje. Door een negatieve consequentie aan je gedrag te koppelen, help je jezelf het gedrag waarmee je wilt stoppen af te leren.

8 Trotsering
Wanneer je een overzicht hebt van situaties die voor jou een risico vormen voor het uitlokken van een eetbui, heb je voorspelbaar gemaakt wanneer de drang tot een eetbui zich kan aandienen (oefening 1). Daarna heb je zelfcontrole opgebouwd met behulp van de oefeningen 2 tot en met 7. Nu kun je je gevoel van zelfcontrole versterken door te oefenen met het trotseren van deze uitlokkende situaties. Je kunt daarbij expres uitlokkende situaties opzoeken en dan reageren op de eetbuidrang met het eten steeds langer uit te stellen.

Stappenplan

E2 Opdracht
Zelfcontrole klinkt gemakkelijker dan het is. Vaak valt het niet mee om wat we net besproken hebben, erbij te pakken en toe te passen op momenten dat de eetdrang daar is. Het vraagt veel aandacht, concentratie en doorzettingsvermogen van je. Door de eetdrang te herkennen, dan een pauze in te lassen om je er heel goed van bewust te worden en te bedenken wat je wilt doen, kan het gevoel van controle groeien.

Schrijf hier jouw stappenplan om je eetbuien onder controle te krijgen.

Stap 1

Stap 2

Stap 3

Stap 4

Stap 5

Stap 6

Fase 2: middenfase

Module F: Vatten wat je voelt

Het doel van deze module is dat je meer vat krijgt op je emoties en dat je emoties niet langer vat op jou laat hebben. Je gaat je emoties beter (be)grijpen, ze meer durven toelaten en ervaren enerzijds, en beter met ze omgaan anderzijds. Emoties zetten je aan tot bepaald gedrag en geven een zekere mate van onrust in je lijf. Je leert in deze module herkennen wat emoties met je doen en wat jij met emoties kan doen. Eerst krijg je informatie over emoties (I); daarna volgen oefeningen en opdrachten om je vaardigheden in het omgaan met emoties te vergroten (II). We noemen dit vaardigheden in emotieregulatie.

I Informatie over emoties

Wat zijn emoties?
Emoties zijn gevoelens die gepaard gaan met lichamelijke sensaties (spierspanning, zweten, brok in je keel, kriebels in je buik) en neurochemische reacties (afgifte van hormonen). Emoties worden opgeroepen door situaties en/of gedachten. Ze zetten je aan tot bepaald gedrag (bijvoorbeeld vluchten, eten, braken, vasten, contact zoeken, contact vermijden). Emoties gaan gepaard met biologische reacties die je 'overkomen'; de gedragingen waarmee je reageert op emoties, overkomen je niet en zijn beïnvloedbaar. De woorden 'emoties' en 'gevoelens' worden vaak door elkaar gebruikt. Een gevoel is de bewuste beleving van de lichamelijke reacties die tijdens een emotie automatisch worden opgeroepen.

> **Voorbeeld**
> Boukjes vriendin belt een afspraak af. Boukje krijgt het gevoel alsof er een baksteen in haar maag valt. Ze denkt dat haar vriendin haar niet aardig meer vindt en trekt zich terug in haar kamer met een zak chips en een pak koekjes. Die eet ze achter elkaar op.

Als reactie op de 'baksteen' in haar maag kan ze ook besluiten haar vriendin terug te bellen en zeggen dat ze het jammer vindt dat ze heeft afgezegd en naar de reden vragen.

Samenhang emoties – gedachten – gedrag – lichamelijke reacties – omgeving

Een bepaalde gebeurtenis of situatie lokt een emotie uit, meestal via de betekenis die je toekent aan die gebeurtenis (bijvoorbeeld: je zit in een restaurant en je voelt angst. Je denkt: help, straks moet ik wat bestellen. Het kan ook zijn dat een bepaalde gebeurtenis een emotie uitlokt zonder een bewuste gedachte (je loopt op straat en je voelt plotseling angst of boosheid en je realiseert je niet welke gedachte voorafging aan je gevoel). Emoties vormen een filter waardoor je je omgeving waarneemt. Zo interpreteer je een situatie anders als je bijvoorbeeld boos bent dan wanneer je blij bent.

De lichamelijke en neurochemische reacties die gepaard gaan met emoties, zijn biologisch bepaald en niet veranderbaar. Het gedrag waarmee je reageert, is wel veranderbaar. Dit gedrag kan op haar beurt emoties veranderen (bijvoorbeeld opluchting nadat je iemand op wie je boos was de waarheid hebt gezegd). De gevolgen van je gedrag beïnvloeden ook weer je emoties (bijvoorbeeld trots als degene tegen wie je net sprak, je laat merken dat ze je woorden goed begrepen heeft en zich er iets van aantrekt).

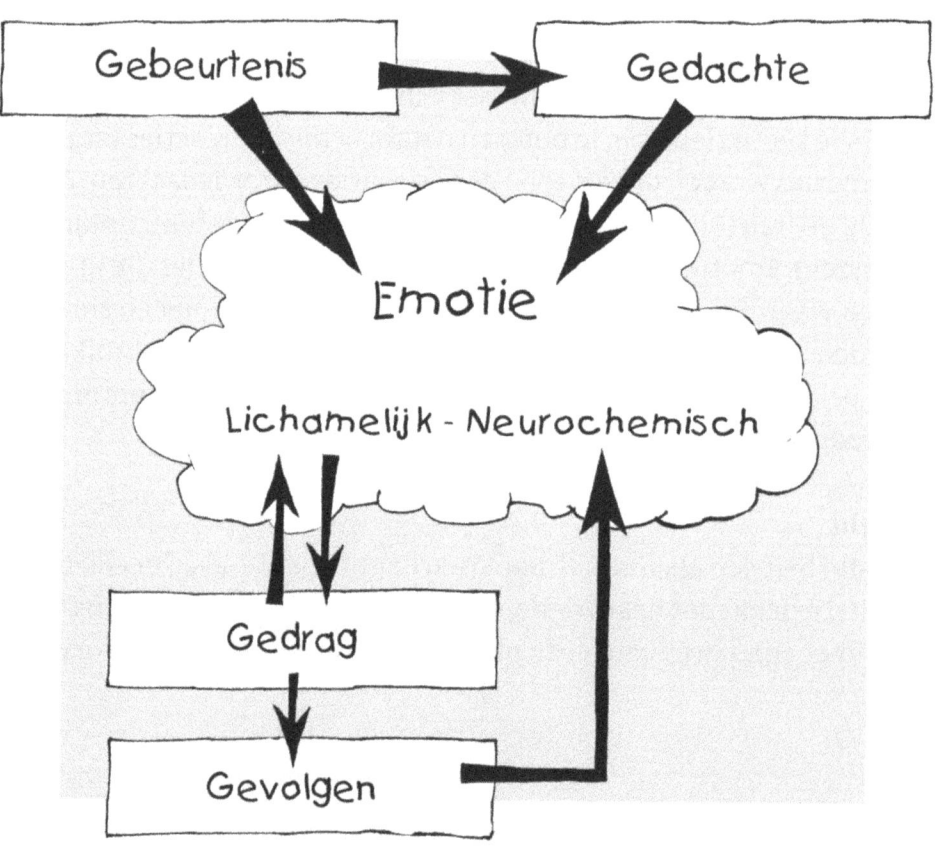

Wat is de functie van emoties?

Emoties hebben verschillende functies:
1. Ze helpen te overleven: angst bijvoorbeeld, waarschuwt voor gevaar.
2. Ze zetten aan tot actie, de motiverende functie: boosheid bijvoorbeeld, zet aan tot ruzie maken of – als je dat niet kunt of durft – tot wegvluchten.
3. Ze hebben een communicatieve functie voor jezelf en voor mensen in je omgeving: zo maakt boosheid duidelijk wat er in jou omgaat.

Het is dus zinvol om de waarde die emoties voor je kunnen hebben, goed in te schatten!

Misverstanden over emoties
Over emoties bestaan allerlei misvattingen, die op zichzelf ook weer leiden tot emoties. Heb je de volgende uitspraken wel eens gehoord?
- 'Emoties komen uit de lucht vallen.'
- 'Emoties zijn lastig en vervelend, je moet zorgen er zo weinig mogelijk last van te hebben.'
- 'Je bent sterk als je emoties zo veel mogelijk kunt uitschakelen.'
- 'Emoties voelen, betekent controle verliezen.'
- 'Je bent zwak als je je door emoties laat overvallen.'

Dergelijke opvattingen kunnen je ertoe aanzetten emoties te gaan zien als een vijand in plaats van als leidraad voor je gedrag. Een heel andere opvatting over emoties is: 'Emoties helpen je jezelf en je omgeving beter te begrijpen en ermee om te gaan.'

Redenen om emoties te ontvluchten
Het kan zijn dat je geleerd hebt dat emoties gevaarlijk zijn. Dat kan zijn omdat emoties ooit te pijnlijk waren om te voelen of dat jou verteld is dat het geen zin heeft om je emoties te laten zien, omdat er toch niets viel te veranderen aan de situaties die aanleiding gaven tot je emoties. Sommige ouders weten niet goed hoe ze moeten reageren als hun kind heftige emoties laat zien en leren hun kind dan vanuit hun eigen onmacht dat het kind beter niet kan laten merken hoe het zich voelt. In dergelijke situaties leert een kind dat het veiliger is om emoties ver weg te stoppen of te negeren. Het kan ook zo zijn dat je vroeger wel geleerd hebt om je emoties goed te voelen, maar dat je later jezelf hebt aangeleerd om ze weg te stoppen omdat je pijnlijke ervaringen meemaakte waarmee je niet goed raad wist.

Om goed met emoties te kunnen omgaan, moet je ze kunnen waarnemen en er woorden aan kunnen geven, je moet de onrust in je lijf kunnen verdragen en snappen wat de emotie je wil zeggen en ten slotte moet je de handelingen kunnen en durven uitvoeren waartoe de emotie je aanzet. Bij heftige emoties, die (te) veel onrust in je lijf brengen, moet je jezelf kunnen kalmeren en/of beschermen om negatieve gevolgen te voorkomen. Hierna volgen opdrachten en oefeningen die je helpen om beter met je emoties te leren omgaan.

II Vaardigheden in emotieregulatie

Emoties waarnemen en benoemen
Het kan lastig zijn om precies te omschrijven hoe je je voelt en er passende woorden voor te vinden. Je kunt inspiratie putten uit allerlei bronnen, denk aan gedichten, liedjes, boeken enzovoort.

F1 Opdracht
Probeer zo veel mogelijk woorden te bedenken die passen bij elk van de vier basisemo-

ties: boos, bang, bedroefd en blij. Bijvoorbeeld voor **Boosheid**: *kwaad, razend, nijdig, geïrriteerd, gepikeerd, laaiend, furieus, woedend,*

....

Bang:

....

....

....

Bedroefd:

....

....

....

Blij:

....

....

....

F2 Opdracht

Noteer in het volgende schema de emoties op die je kent. Schrijf erachter welke lichamelijke verschijnselen daarbij passen. Schrijf vervolgens op wat je zou willen doen als je die emotie voelt (ongeacht of je het ook daadwerkelijk doet).

Emotie	Lichamelijke verschijnselen	Neiging tot handelen
Voorbeeld: Boos	Rood aanlopen, hartkloppingen, kriebel in keel	Schreeuwen, slaan, dingen kapot gooien, weglopen

F3 Opdracht

Houd deze week emoties bij die je bij jezelf waarneemt in verschillende situaties. Merk de lichamelijke verschijnselen op die ermee gepaard gaan en schrijf die ook op.

Situatie	Emotie	Lichamelijke verschijnselen
Voorbeeld: op school veel huiswerk op krijgen	Stress, bangig	Onrust in hele lichaam, kriebels in buik, lichte hartkloppingen

F4 Opdracht

Om emoties te begrijpen, moet je herkennen welke boodschap de emotie je geeft en waarom de emotie je aanzet tot een bepaalde actie. Vul het schema verder in.

Emotie	Boodschap	Gedrag
Voorbeeld: angst	Er is gevaar, ik moet mezelf in veiligheid brengen	Vluchten of verdedigen
Boosheid		
Verdriet		
Schaamte		
Schuld		
Walging		
Blijdschap		
Jaloezie		
Trots		

F5 Opdracht

Er bestaan veel misverstanden over emoties. Bekijk de volgende lijst en geef aan hoe geloofwaardig jij deze uitspraken vindt. Weerleg vervolgens deze misvattingen met je eigen opvattingen. Vul eventueel aan met eigen (vroegere) misvattingen en weerleggingen.

Misvatting	Geloofwaardigheid 0-100%	Alternatief/weerlegging
Het is zwak om je emoties te tonen		
Emoties kloppen vaak niet		
Je bent sterk als je emoties onderdrukt		
Emoties zijn voor niemand hetzelfde		
Je stelt je aan als je verdrietig bent		
Je bent zwak als je je op je kop laat zitten door emoties		

Emoties verdragen
Emoties zijn beter te verdragen als het duidelijk is tot welk gedrag de emotie je aanzet en waarom. Daarnaast moet je het gevoel hebben dat je het aankunt om te doen wat nodig lijkt. Als dat niet het geval is, kunnen emoties als boosheid, verdriet en eenzaamheid heel pijnlijk voelen, net als lichamelijke pijn. Emoties kunnen dan leiden tot een overmaat aan stress. Als de stress 'boven je theewater' komt, dan is het goed als je jezelf kunt kalmeren. Het is goed om te beseffen dat ook emotionele pijn bij het leven hoort, en dat emoties komen en gaan als een golven in de zee. Deze gedachte kan je ook weer helpen je emoties beter te verdragen.

De volgende oefeningen zijn bedoeld om je te helpen heftige negatieve emoties beter te leren verdragen. Oefen ze elke dag en pas ze toe op momenten waarop je emoties hebt die je pijn doen en die je moeilijk vindt om te verdragen.

F6 Opdracht

1
Ga zitten op een stoel of bank, met beide voeten op de grond. Leg je handen op je schoot en ontspan je lichaam. Haal driemaal diep adem, naar de buik toe. Sluit je ogen of kijk naar één punt (dit is de basishouding voor de concentratieoefening). Bedenk op welke stoelen je die dag hebt gezeten, vanaf het moment dat je uit bed stapte. Concentreer je alleen op die stoelen, banken of zitplekken. Merk afleidende of kritische gedachten op en laat ze weer gaan.

2
Pak een pen/potlood en papier. Noteer alle steden uit Europa die je kent, beginnend met dezelfde letter.

3
Ga zitten of staan. Kijk naar één punt of sluit je ogen. Concentreer je op het hier en nu. Beschrijf in gedachten waar je bent, hoe je lichaam verbonden is met de aarde, wat je aanraakt. Probeer afleidende of kritische gedachten slechts op te merken en ze weer te laten gaan; zie je gedachten als een trein die voorbijkomt. Voel je lichaam. Omschrijf zo nauwkeurig mogelijk wat je voelt, zonder oordeel.

4
Pas een ontspanningsoefening toe die je geleerd hebt in module C.

Reguleren van onrust en expressie van emoties
Je hebt net geleerd hoe je heftige negatieve emoties kunt verdragen. Er zijn nog meer manieren om de onrust in je lijf te verminderen als je voelt dat het te veel voor je dreigt te worden.

Tegengesteld handelen
Soms kan het helpen om het tegengestelde te doen van datgene waartoe de emotie je aanzet. Bijvoorbeeld als je heel erg boos bent en de neiging voelt om te schreeuwen of te schoppen tegen de hele wereld, kan het helpen om in plaats daarvan juist iets aardigs

voor iemand te doen. Of als je verdrietig bent en in bed wilt blijven liggen omdat je nergens zin in hebt, juist een vriendin te bellen met het voorstel om samen wat leuks te gaan doen. Dit wordt ook wel 'tegengesteld handelen' genoemd. Het is een manier om heftige negatieve emoties af te zwakken op de momenten dat dit verstandig is. Dit betekent niet dat je de emotie niet mag voelen, want je voelt wat je voelt. Maar soms worden emoties heftiger door het gedrag uit te voeren waartoe ze je verleiden en dat kan weer tot meer – onnodige – negatieve gevolgen leiden. In dat geval kun je door tegengesteld handelen jezelf beschermen tegen het onnodig verder oplopen van spanning.

F7 Opdracht

Vul in het volgende schema in welke tegengestelde handelingen je kunt verrichten bij de verschillende emoties.

Emotie	Neiging tot handelen	Tegengesteld handelen
Voorbeeld: Boosheid	Dingen kapot maken	Iets aardigs doen

Expressie van emoties

Opdracht F8

Bekijk het schema onder opdracht F4 en vul bij elke emotie in welke gedachten je had in een situatie waarin deze emotie optrad. Analyseer deze gedachten en onderzoek ze met de technieken die je geleerd hebt in module B. Kijk of je de gedachten kunt veranderen. Bijvoorbeeld bij boosheid: 'Wat een rotstreek. Ik wil haar nooit meer zien.' Andere gedachte: 'Wat een rotstreek. Ik ga haar vertellen wat voor effect haar gedrag op mij heeft gehad en waarom ik vind dat ze dit niet had mogen doen.' Dit is een voorbeeld van voor jezelf opkomen. Bedenk, bespreek en oefen bij alle emoties effectieve manieren om er uitdrukking aan te geven. Het vraagt dikwijls om sociale vaardigheden; die komen in module I nog eens uitgebreid aan bod.

ABCD
Om goed met je emoties te kunnen omgaan, moet je kunnen beslissen of het verstandig is om daadwerkelijk het gedrag uit te voeren waartoe de emotie je aanzet. Hiervoor kun je jezelf aanleren om telkens de stappen ABCD te volgen:
1 Accepteren wat je voelt.
2 Bewustzijn van de emotie: voelen wat je voelt.
3 Check de boodschap: klopt wat ik denk dat de boodschap is?
4 Doen wat ik besloten heb te doen: eerst besluiten of ik de actie wil uitvoeren waartoe de emotie mij aanzet of dat ik liever iets anders doe.

Emotionele kwetsbaarheid verminderen
De mate waarin je emotioneel kwetsbaar bent, wordt bepaald door biologische aanleg en bepaalde ervaringen die je hebt meegemaakt. Je kunt die kwetsbaarheid op verschillende manieren proberen te verminderen.
- Gezond leven, dat wil zeggen: goed en voldoende eten, slapen en zorgen voor een goede lichamelijke verzorging en lichaamsbeweging.
- Uitvoeren van voldoende activiteiten die een positief gevoel opleveren.
- Uit de weg gaan van situaties die ongewenste emoties uitlokken.

F9 Opdracht
Je hebt al eerder tijdens deze behandeling een lijst opgesteld met activiteiten die bij jou passen, die je leuk vindt om te doen en die jou een fijn gevoel geven. Kies vijf activiteiten uit die lijst. Voer die deze week uit, indien mogelijk natuurlijk. Kies anders voor andere makkelijk uitvoerbare activiteiten die je ook leuk vindt.
Leuke dingen om te doen:

1 ....

2 ....

3 ....

4 ....

5 ....

Module G: Jezelf mogen zijn

In deze module gaan we eraan werken hoe je anders over jezelf kunt gaan denken, zodat je prettiger in je vel komt te zitten. Kenmerkend voor mensen met een eetstoornis is dat ze niet tevreden zijn met hun beeld van zichzelf en ook niet met hoe ze denken dat anderen hen zien. Het beeld dat je hebt van jezelf wordt bepaald door hoe je jezelf waarneemt (je waargenomen ik) en hoe je zou willen zijn (je ideale ik). Naarmate het verschil tussen beide groter is, zul je ontevredener zijn met jezelf. Doel van deze module is dat die twee beelden dichter bij elkaar komen, zodat je van jezelf meer mag zijn zoals je bent en je je daar goed bij voelt. We lopen de volgende stappen door:

1. Kritisch onderzoeken hoe je jezelf nu waarneemt (je waargenomen ik).
2. Kritisch onderzoeken hoe je zou willen zijn (je ideale ik).
3. Negatieve overtuigingen over je jezelf (eventueel veroorzaakt door nare ervaringen in het verleden), bijstellen. Mocht jouw beeld van jezelf beschadigd zijn door herinneringen aan vervelende ervaringen, dan gaan we die beschadiging herstellen, waar mogelijk.
4. Werken aan de opbouw van een positief zelfbeeld.

Stap 1 Hoe zie ik mezelf nu?

G1 Opdracht
Ingevulde schema's
Blader je werkboek en ingevulde schema's door en zoek naar uitspraken van jezelf die wijzen op een negatief zelfbeeld en onderzoek deze uitspraken kritisch. Bespreek ze ook met je therapeut. Wat wil je veranderen?

G2 Opdracht
Zelfbeschrijving
Hoe vind je dat je functioneert op verschillende gebieden in je leven: in je gezin, op school, met leeftijdgenoten, op sportgebied, eventuele andere hobby's, in het algemeen. Welke van deze gebieden vind je meer/minder belangrijk? Bespreek dit met je therapeut.

G3 Opdracht
Zelfkastijding
Noteer de komende weken iedere keer dat je merkt dat je jezelf 'een schop geeft' door een negatieve boodschap aan jezelf. Schrijf op wat je precies tegen jezelf hebt gezegd (of gedacht).

Wat zei ik tegen mezelf?	Effect

G4 Opdracht

Rollen

Beschrijf hier welke verschillende rollen jij in je leven hebt. Bijvoorbeeld:
- Kind van …
- Buurmeisje van …
- Zus van …
- Vriendin van …
- Nicht van …
- Klasgenoot van …
- Teamgenoot van …
- Kennis van …
- Verzorger van (huisdier) …
- …
- …

Vraag vervolgens aan drie mensen in je omgeving of ze jou in een paar zinnen willen beschrijven in die rol. Vraag dus bijvoorbeeld aan je buurvrouw of ze je wil beschrijven als buurmeisje. Doe dit voor minstens drie verschillende rollen. Wat vind je van de beschrijving die deze drie personen hebben gegeven over jou? Herken je jezelf erin? Noemen ze verschillende eigenschappen of is er sprake van een overlap?

G5 Opdracht

Zelfbeeldcirkel

Hoe je jezelf ziet, wordt bepaald door verschillende aspecten. Geef in de volgende cirkel aan welk aspect voor hoeveel procent bepaalt hoe je je zelf nu ziet (uiterlijk, sport, sociale vaardigheden, schoolprestaties, eigenschappen als hulpvaardigheid, vriendelijkheid, toewijding enzovoort). Deze cirkel gaan we tijdens de behandeling een aantal keer opnieuw invullen.

G6 Opdracht
Kunst
Maak een tekening, collage of schilderij van jezelf, waarin je uitbeeldt – zonder woorden – hoe je jezelf nu ziet.

Stap 2 Hoe zou ik willen zijn?

G7 Opdracht
Beelden, cognities en fantasieën
Wat zou ik willen hebben wat ik nu niet heb?

....

....

Wat ik zou willen zijn wat ik nu niet ben?

....

....

Bespreek met je behandelaar welke antwoorden op deze twee vragen realistisch, haalbaar en wenselijk zijn en welke misschien niet.

....

....

G8 Opdracht
Collage
Maak met behulp van allerlei materiaal (verf, knipsels, foto's enzovoort) een collage waarin je jezelf drie keer uitbeeldt: één keer hoe je jezelf ziet zoals je nu bent, één keer hoe je het liefst zou willen zijn (je ideale ik) en één keer hoe je wilt zijn aan het einde van deze behandeling.
Bespreek op basis van je beelden, cognities en fantasieën wat een haalbaar en realistisch beeld is van hoe je zou willen zijn (worden). Welke opvattingen en gedragingen moet je veranderen om dat te bereiken? Welke stappen moet je daarvoor zetten?

....

....

....

....

Stap 3 Bijstellen negatieve overtuigingen over mezelf

G9 Opdracht
Winst
Schrijf op wat het je heeft opgeleverd om herinneringen aan negatieve ervaringen te verwerken. Dit geldt natuurlijk alleen als die bij jou een rol speelden en je hieraan ook gewerkt hebt. Wat is er veranderd in je zelfbeeld?

....

....

....

....

Stap 4 Opbouw positief zelfbeeld
Nu volgen er oefeningen en opdrachten die je gaan helpen om een positief zelfbeeld op te bouwen en te versterken.

G10 Opdracht
Experimenteren met nieuw gedrag
Doe nieuwe dingen of dingen die je gewend bent uit de weg te gaan omdat je dacht ze niet te kunnen. Denk hierbij niet alleen aan eetgedrag, maar ook aan gedrag in allerlei andere situaties (bijvoorbeeld een moeilijke kwestie uitpraten, je inschrijven bij een club waar je al lang graag lid van wilde worden enzovoort). Stel jezelf op de proef en ga experimenteren! Geef jezelf daarbij helpende zelfinstructies en oefen zo nodig met hulp van je therapeut. Evalueer achteraf hoe het ging en hoe het voelde. Geef met dergelijke experimenten jezelf de kans om nieuwe ervaringen op te doen en een andere kijk op jezelf te ontwikkelen. Bespreek je plannen en je ervaringen met je therapeut.

G11 Opdracht
Oorkonde
Maak een oorkonde voor jezelf. Bijvoorbeeld met de tekst:
- Ik heb er vertrouwen in dat ik beter word.
- Ik neem de verantwoordelijkheid om gezonde keuzes te maken.
- Ik heb de vrijheid om hulp te vragen waar nodig.

Schrijf op waarom jij de oorkonde verdient.

G12 Opdracht

Zelfbeeldcirkel

Je therapeut leert je inzien hoe je zelfwaardering wordt ontleend aan meer levensgebieden dan alleen het uiterlijk door je herhaald de zelfbeeldcirkel te laten invullen of inkleuren.

G13 Opdracht

Kunst

Portretteer jezelf nogmaals in een tekening, collage, schilderij of iets anders. Maak een 'Zelfportret Nieuwe Stijl' waarin je je nieuwe zelf laat zien. Beschrijf je nieuwe zelfbeeld in woorden: wat vind je verbeterd en waarom ben je daar blij mee?

....

....

....

....

G14 Opdracht

Positieve ervaringen

Noteer komende week elke avond minstens drie dingen van die dag waarover je tevreden bent. Het mag van alles zijn: iets wat je zelf hebt gedaan of iets wat je is overkomen. Merk op hoeveel dingen je een goed gevoel kunnen geven als je er aandacht aan geeft.

Dag	Goed ding 1	Goed ding 2	Goed ding 3
Dag 1			
Dag 2			
Dag 3			
Dag 4			
Dag 5			
Dag 6			
Dag 7			

Blijf deze opdracht regelmatig doen.

G15 Opdracht

Arbeidsvitaminen

Leuke activiteiten die ik graag doe, goed kan of die mij een goed gevoel geven:

1. ....

2. ....

3. ....

4. ....

5. ....

Module H: Ik zie ik zie wat jij niet ziet

In deze module richten we de schijnwerpers op hoe je de uiterlijke verschijning van je lichaam ziet en ervaart. Het is heel gewoon dat jongeren hierop gericht zijn; het hoort bij de puberteit en bij volwassen worden. Maar jongeren met een eetstoornis doen dit op een ongezonde en overdreven manier; een manier die hen veel ellende oplevert.
Hoe je je eigen lichaam persoonlijk (subjectief) waarneemt, dus wat je ziet, dat noemen we je lichaamsbeeld. Wat je beleeft (ervaart) op basis van wat je vindt van je waarneming, noemen we je lichaamsbeleving. Jongeren met een eetstoornis laten hun oordeel over zichzelf als persoon voor een belangrijk deel bepalen door hun lichaamsbeleving, bijvoorbeeld: 'ik walg van hoe ik eruit zie en daarom ben ik een waardeloos mens'.
Jongeren met een negatieve lichaamsbeleving zijn veel bezig met langdurig en herhaald controleren van het gewicht en het uiterlijk in de vorm van eindeloos meten, wegen, zich verkleden, douchen na het eten enzovoort. Andere vormen van controleren zijn geruststelling vragen aan anderen of de 'afwijking' aan hun uiterlijk niet erger is geworden of zichzelf voortdurend vergelijken met anderen.
In deze module ga je leren dat het veel handiger is om je oordelen en je waarnemingen te willen veranderen in plaats van je uiterlijk; en ook de manieren waarop je dat voor elkaar kunt krijgen. Verder ga je leren het beeld en de beleving van jezelf als persoon los te koppelen van je lichaamsbeleving.

H1 Opdracht

1 Breng de ontwikkelingsgeschiedenis van je lichaamsbeeld in kaart.

Periode	Hoe zag ik er toen uit?	Belangrijke gebeurtenissen in die periode	Hoe vond ik dat ik er uit zag?
0-4 jaar			
4-6 jaar			
6-12 jaar			
12-16 jaar			
16-18 jaar			

H2 Opdracht

Wat is een gezond gewicht dat past bij mijn lengte, leeftijd en gewicht?
Ik ben … jaar oud, ben … meter lang en weeg … kilo.

H3 Opdracht

Cirkels

Plak hier drie ingevulde cirkels met betrekking tot het lichaamsbeeld. Je krijgt ze van je therapeut en tijdens een oefening vul je ze in.

H4 Opdracht

Plak hier foto's en plaatjes van een aantal leeftijdgenoten die je aantrekkelijk of juist niet aantrekkelijk vindt en van jezelf.

H5 Opdracht

Deze activiteiten geven mij een goed gevoel over mijn lichaam (bijvoorbeeld dansen):

....

....

....

....

Module I: Meedoen

Vind je het moeilijk om contacten met leeftijdgenoten aan te gaan of te onderhouden? Veel jongeren met een eetstoornis – andere jongeren ook overigens! – hebben problemen op dit gebied. Bij sommigen was dit probleem er al voordat de eetstoornis uitbrak; bij anderen trad het pas op als gevolg van de eetstoornis. In deze module vind je oefeningen die je kunnen helpen om met meer gemak en zelfvertrouwen je weg te vinden tussen andere mensen en problemen aan te pakken in situaties met andere mensen. Het doel van deze module is dat je straks mee kunt doen aan sociale activiteiten als jij dat wilt en dat je leert hoe je de kans kunt vergroten dat anderen jou er graag bij willen hebben.

I1 Opdracht

Opdrachten gericht op cognities

1 Identificeer gedachten die belemmerend werken in je omgang met anderen.

Gebeurtenis	Gedachten	Gevolgen Voorbeeld:
Op schoolplein, groepje praat met elkaar. Niemand kijkt naar mij	Ze willen niet dat ik erbij kom. Ze kijken expres de andere kant op en doen alsof ik lucht ben	
Ik voel me rot, kan wel janken. Ik loop expres de andere kant op en vecht tegen mijn tranen		

2   Daag je gedachten uit: je hoeft niet te geloven wat je denkt!

Gedachten	Uitdaging	Alternatief
Voorbeeld: Ze willen niet dat ik erbij kom	Misschien hebben ze me nog niet eens opgemerkt en zit ik mezelf alleen maar op te fokken	Ik loop hun kant op en kijk hen vriendelijk aan. Ik wacht af of iemand iets tegen me zegt
Voorbeeld: Ze kijken expres de andere kant op		

I2 Opdracht
Opdracht gericht op probleemoplossing
Welke vaardigheden wil ik vergroten om beter te kunnen omgaan met andere mensen?

....

....

....

....

Hoe kan ik dat bereiken?

....

....

....

....

I3 Opdracht

Wat heb ik nodig om beter om te kunnen gaan met situaties waarin problemen zijn en spanning heerst?

Neem hiervoor de volgende stappen.

1. Beschrijf het probleem (Ik ben al een week niet naar school geweest omdat ik ziek ben en mijn klas heeft nog niets van zich laten horen. Ik voel me verdrietig en in de steek gelaten. Ik vraag me af of ze me wel missen).
2. Bedenk mogelijke oplossingen (zelf iemand uit de klas bellen, mailen, een kaartje sturen, afwachten).
3. Onderzoek de mogelijke uitkomst van elke oplossing.
4. Kies de oplossing met de grootste kans om het gewenste resultaat te bereiken en voer je plan uit.
5. Evalueer deze keuze en kijk of het heeft gewerkt.
6. Als het resultaat niet is wat je hoopte, probeer dan te achterhalen wat er misgegaan is.
7. Houd de volgende keer als zich weer een probleem voordoet rekening met wat je hebt geleerd.
8. Wat voor steun kan ik vragen en accepteren als ik daar behoefte aan heb; en hoe vraag ik daarom?

....

....

....

....

Module J: Latten lager

In deze module krijg je informatie over wat perfectionisme is en hoe je ervoor kunt zorgen dat je kwaliteit van leven minder door perfectionisme wordt verpest.

Perfectionisme is een persoonlijkheidskenmerk. Iemand die perfectionistisch is, heeft de overtuiging dat fouten en vergissingen onaanvaardbaar zijn. Succes en mislukking worden gezien als twee tegenpolen waar niets tussenin zit. Alles wat geen volledig succes genoemd kan worden, is een mislukking in de ogen van een perfectionist. Dit noemen we alles of niets denken. Perfectionisme heeft te maken met een zwart-wit denkstijl: iets is alleen goed als het perfect is en anders is het waardeloos.

Over het algemeen kun je zeggen dat perfectionistische mensen zulke onhaalbaar hoge eisen stellen dat hun functioneren er negatief door beïnvloed wordt. Ze leggen de lat voor zichzelf altijd en overal te hoog. Er is een verschil tussen het stellen van hoge eisen aan jezelf en perfectionisme: bij perfectionisme gaat het om overmatig hoge en onrealistische eisen: het is onmogelijk om aan de eisen te voldoen. Hoge eisen aan jezelf stellen is niet per se verkeerd of ziekmakend. Dat wordt het pas als je daarnaast nog allerlei bijkomende gedachten hebt, zoals niet mogen falen, in alles de beste moeten zijn en niets aan anderen kunnen overlaten. Wie altijd het gevoel heeft onvoldoende te presteren, het niet goed genoeg te doen, loopt het gevaar zijn gevoel van zelfwaardering te ondermijnen en kan daardoor somberheid, faalangst en spanningsklachten ontwikkelen.

Perfectionisme gaat vaak ten koste van allerlei plezierigs in het leven, zoals relaties, vriendschappen, vrije tijd en ontspanning. Perfectionisme kan op verschillende gebieden in je leven een rol spelen: je opleiding of werk, je huis, je uiterlijk en gewicht.

Er is een verband tussen perfectionisme en (de ontwikkeling van) eetstoornissen. Het overgrote deel van de mensen met een eetstoornis heeft een sterk perfectionistische instelling. Alles wat afwijkt van een zeer slank figuur, zien zij als een mislukking. Mensen met een eetstoornis zijn meestal niet snel tevreden met hun eigen prestaties. Ze stellen voor zichzelf abnormaal hoge eisen waaraan ze moeten voldoen. Doordat zij zichzelf zulke hoge eisen stellen – eisen waaraan niemand kan voldoen –, hebben ze een chronisch gevoel van tekortschieten, minderwaardigheid en falen.

Iemand met perfectionisme benadrukt alles wat er misgaat en ontkent behaalde vooruitgang als die minder groot is dan gehoopt. Zo zal een patiënte met BN redeneren: 'het gaat nog helemaal niet goed met mij, want ik braak nog steeds', terwijl ze vergeet dat het braken nog slechts eenmaal per week voorkomt in plaats van driemaal per dag, zoals eerder het geval was. Jongeren met een eetstoornis stoppen vaak met genieten van het leven als ze niet de – volgens hun eigen normen – juiste lichaamsvorm hebben.

Vraag jezelf eens af of jij iemand bent die het prettig vindt om dingen goed te doen (bijvoorbeeld graag hoge cijfers op school halen) of die onrealistische eisen aan zichzelf stelt (geen fouten mogen maken, op elk gebied perfect moeten zijn, somber worden als je niet uitsluitend hoge cijfers haalt).

Sommige perfectionisten leggen de lat voor zichzelf heel hoog, niet omdat ze zichzelf zulke hoge eisen stellen, maar omdat ze menen dat andere mensen vinden dat ze perfect moeten zijn. Ze zijn bang dat ze niet aan de eisen van andere mensen voldoen. Bij alles wat ze doen, zitten ze erover in dat anderen er een negatief oordeel over zullen hebben, dat het niet goed genoeg is. Ze worden vooral gemotiveerd door het vermijden van afkeuring en afwijzing door anderen.

De oefeningen in deze module zijn erop gericht je te helpen haalbare eisen aan jezelf te stellen en eerder tevreden te zijn met bereikte resultaten. Met andere woorden: leren de latten voor jezelf lager te leggen.

J1 Opdracht
Bewustwording perfectionistische opvattingen
- 'Als ik niet perfect ben, dan deug ik niet. Ik ben dan een wanproduct die liefde noch waardering van anderen verdient.'
- 'Ik wil uitstekende resultaten behalen: een zes is niet genoeg.'

Geef aan waarom deze opvattingen perfectionistisch genoemd kunnen worden. Wat zouden alternatieve opvattingen kunnen zijn?

....

....

Het is niet verkeerd om hoge eisen aan jezelf te stellen, maar het moet wel 'een haalbare kaart' blijven. Zo is het reëel om te denken tijdens een tentamen: 'Als ik een fout maak, dan is dat vervelend maar geen ramp!' Ook kun je leren je perfectionisme te beperken tot situaties en taken die echt belangrijk voor je zijn en in andere situaties wat losser te worden.

Op welke gebieden wil jij hoge eisen blijven stellen aan jezelf en op welke gebieden ben je bereid je eisen bij te stellen en wat meer los te laten?

....

....

....

....

Ook als eisen realistisch en haalbaar zijn, halen we ze soms niet als gevolg van onze angst en overdreven inspanning.

> **Voorbeeld**
> Anna heeft iedere week huiswerk. Op zichzelf is dat huiswerk voor Anna goed te doen, maar zij is bang dat haar werk niet goed genoeg is. Zij blijft iedere avond overdreven lang doorwerken om er toch vooral voor te zorgen dat zij aan haar eigen eisen voldoet. Zij verbetert haar schoolwerk tot in het oneindige en gaat iedere avond doodmoe naar bed. Ze valt uitgeput in slaap, soms pas na nog uren liggen woelen, omdat ze de slaap niet kan vatten. 's Ochtends komt zij met veel moeite en een zwaar hoofd uit bed.

Heb jij een voorbeeld van een situatie waarin je eisen realistisch zijn, maar waarin je door je angst ze niet te halen, je overdreven gaat inspannen? Wat is het nadeel daarvan?

....
....
....
....

Doe een experiment! Zoek uit aan welke onderwerpen jij overdreven lang doorwerkt of waarover je overdreven in de stress schiet. En ga dat dan gedurende een week eens bewust minder doen en kijk wat er gebeurt. Dus: span je expres minder in dan je gewend bent – precies voldoende om de bewuste taak te volbrengen maar meer niet – en wacht af wat er gebeurt. Denk je dat het je lukt om wat minder streng te worden in het beoordelen van jezelf?

....
....
....
....

Een van de negatieve effecten van perfectionisme kan zijn dat je vermijdt om aan dingen te beginnen. Je stelt vooraf zoveel eisen waaraan je prestatie of product moet voldoen, dat je al op voorhand vastloopt. Misschien begin je al niet eens meer aan het leren voor een tentamen of een toets en ga je er ook niet naar toe, omdat je bang bent dat je het toch niet haalt. Herken jij iets van dit voorbeeld? Geef een voorbeeld waarin jij hebt vermeden om ergens aan te beginnen. Wat was het gevolg daarvan? Had je het achteraf anders willen doen?

....
....
....
....

J2 Opdracht
Veranderen perfectionistische opstelling
Hoe kun je perfectionisme in gezondere banen leiden, zodat je er minder last van hebt? Voer de volgende stappen uit.

Stap 1: Perfectionisme herkennen
Je eerste taak is om te gaan herkennen welke perfectionistische cognities (gedachten, veronderstellingen, opvattingen, overtuigingen) je hebt. Dit is lastig, omdat iemand met perfectionisme er niet van uitgaat dat haar eisen overdreven streng zijn; een perfectionist denkt dat de gestelde eisen normaal en terecht zijn, maar dat zij er alleen niet aan kan voldoen. Om perfectionistische gedachten op het spoor te komen, kan het daarom nuttig zijn om anderen in je omgeving naar hun mening te vragen over wat perfectionistische gedachten zijn.

Voorbeelden:
- Ik ben alleen de moeite waard als ik 100% goed presteer op … (werk, school, opleiding).
- Als ik niet het figuur van een fotomodel heb, ben ik onaantrekkelijk.
- Als ik iets verkeerds zeg, ga ik af.
- Als mijn huis niet helemaal opgeruimd en schoon is, zullen anderen mij een sloddervos vinden.
- Het heeft geen zin om een hobby erop na te houden als je er niet in uitblinkt.

Welke doelen, eisen en verwachtingen stel jij aan jezelf met betrekking tot: je opleiding en/of werk; je uiterlijk en gewicht; je eetpatroon. Schrijf ze hier op.

....

....

....

....

Vertaal wat je hebt opgeschreven in een aantal perfectionistische gedachten (kijk nog eens naar de genoemde voorbeelden) en zet ze hier.

....

....

....

....

Vraag eens aan anderen in je omgeving (ouders, familieleden, vrienden, leraren bijvoorbeeld) of ze jou perfectionistisch vinden en zo ja, waaruit dat dan blijkt.

....

....

....

....

In hoeverre beïnvloedt perfectionisme je leven? Beschrijf de voor- en nadelen van je perfectionisme.

....

....

....

....

Stap 2: Latten lager leggen

Nu je weet op welke gebieden perfectionisme in jouw leven een rol speelt en welke voor- en nadelen dit met zich meebrengt, is de volgende vraag: hoe kun je de latten wat lager leggen?

Je kunt dit doen door te beginnen met het bijhouden van een dagboek. Noteer elke dag wanneer je jezelf betrapt op perfectionistische cognities en bijbehorende gevoelens en wat voor effect deze hadden op wat je deed of naliet (je gedrag). Maak er G-schema's van.

Een voorbeeld:

De situatie, waar ben je en wat doe je?	Ik moet een toets/tentamen doen, zit in de zaal en krijg het papier met de vragen.
Wat voor perfectionistische gedachten komen bij je op?	Als ik geen 8 haal voor mijn toets/tentamen, dan vindt mijn leraar mij een mislukking en stel ik niets voor.
Wat voor gevoel krijg je?	Paniek, pijn in mijn buik.
Wat doe je en wat laat je achterwege (gedrag) uit angst het niet goed genoeg te doen?	Ik fok mezelf op en focus niet op de stof waarop ik me zou moeten concentreren; door mijn angst richt ik mijn aandacht op de verkeerde dingen.
Wat voor gevolgen heeft dit voor je?	Door mijn paniek kan ik niet meer rustig en helder denken en kan ik me niet concentreren; daardoor word ik nog zenuwachtiger. Dit vergroot de kans dat ik geen 8 haal.

Stap 3: Cognities veranderen
Vervolgens kun je je perfectionistische cognities analyseren en uitdagen. Formuleer op basis daarvan meer redelijke alternatieven.

....

....

....

....

Stap 4: Gedrag veranderen
Voor een blijvend resultaat is het niet voldoende om alleen perfectionistische cognities op te sporen en bij te stellen, maar is het ook nodig dat je je gedrag verandert. Dit kun je doen met behulp van zogenoemde exposure-oefeningen, oefeningen waarbij je jezelf blootstelt aan situaties die tot nu toe erg eng of lastig voor je waren. Een paar voorbeelden:
- Ontvang bezoek en ruim je kamer/huis vooraf niet op en maak het niet spic en span schoon, zoals je gewend bent.
- Werk maximaal ... uur aan je schoolwerk, studie, waar je normaal .... keer zo veel tijd voor uittrekt.

Beloon jezelf met iets leuks als je uitgevoerd hebt wat je je hebt voorgenomen.
Schrijf een aantal uitgevoerde experimenten en je ervaringen/beloningen op.

....

....

....

....

Stap 5: Evalueren wat het effect is van je veranderde opstelling
Bekijk samen met je therapeut wat het effect is van je veranderde opstelling. Wat gaat beter? Wat minder? Wat levert het je op? Wat kost het je? Wat wil je vasthouden? Wat is goed voor je? Hoe zorg je ervoor dat je het blijft vasthouden?

....

....

....

....

Fase 3 Afbouwfase

Module K: Behoud en behoed

In deze module leer je hoe je ervoor kunt zorgen dat je al het positieve dat je geleerd hebt in deze behandeling kunt behouden in de toekomst en hoe je je zelf kunt behoeden voor terugval.

Terugvalpreventieplan

K1 Opdracht
Om een terugvalpreventieplan te maken, beantwoord je eerst de volgende vragen.

1 Sterke kanten
Wat zijn mijn sterke kanten waar ben ik trots op?

....

....

2 Risicofactoren
Waar heb ik nog last van, wat een risico inhoudt op mogelijke terugval. Wat moet ik dus extra in de gaten houden?

....

....

3 Uitlokkers
Welke gevaarlijke situaties/momenten/factoren kunnen mij verleiden tot terugval in een verkeerd eetpatroon?

....

....

4 Eerste voortekenen
Waaraan kan ik bij mezelf merken dat ik in de fout dreig te gaan?

gedachten: ....

gedrag: ....

gevoelens: ....

lichamelijke reacties: ....

bewegingspatroon: ....

sociaal gedrag: ....

perfectionistische instelling: ....

5 Acties
Wat doe ik met gedachten die mij angstig of onzeker maken?

....

....

Wat doe ik als ik opnieuw een drang voel tot onverstandig gedrag (eetbuien, vasten, braken, laxeren)?

....

....

....

....

6 Hulptroepen
Bij wie kan ik hulp vragen – zo nodig – om mij te helpen te behouden wat ik heb gewonnen?

....

....

Wat zijn mijn reddingsboeien waarmee ik kan voorkomen dat ik verzuip, mocht ik toch terugvallen in een verkeerd eetpatroon?

....

....

7 Motivatoren
Wat vind ik allemaal leuk om (weer) te (gaan) doen? Wat kan ik weer waar ik blij mee ben? Hoe kan ik mijn zelfvertrouwen vasthouden?

....

....

8 Stadia van terugval herkennen
    I. situatie stabiel en rustig (groen);
    II. eerste ontregelingen, voortekenen van dreigende terugval (oranje);
    III. ontregeling, risico op terugval reëel (rood);
    IV. terugval: symptomen van eetstoornis aanwezig (alarm).

Mijn plan:

GPSR Compliance

The European Union's (EU) General Product Safety Regulation (GPSR) is a set of rules that requires consumer products to be safe and our obligations to ensure this.

If you have any concerns about our products, you can contact us on

ProductSafety@springernature.com

In case Publisher is established outside the EU, the EU authorized representative is:

Springer Nature Customer Service Center GmbH
Europaplatz 3
69115 Heidelberg, Germany

www.ingramcontent.com/pod-product-compliance
Ingram Content Group UK Ltd.
Pitfield, Milton Keynes, MK11 3LW, UK
UKHW051523180426
11947UKWH00012B/821